Bussole · 463

Studi linguistico-letterari

2ª edizione, ottobre 2012
1ª edizione, settembre 2002

Impaginazione
Fregi e Majuscole, Torino

Finito di stampare nell'ottobre 2012
da Eurolit, Roma

ISBN 978-88-430-6593-6

I lettori che desiderano informazioni sui volumi
pubblicati dalla casa editrice possono rivolgersi direttamente a:
Carocci editore
Corso Vittorio Emanuele II, 229
00186 Roma
tel 06 42 81 84 17
fax 06 42 74 79 31

Visitateci sul nostro sito Internet:
http://www.carocci.it

Giorgio Inglese

Dante: guida alla Divina Commedia

Carocci editore Bussole

Indice

Prefazione

La *Commedia* dantesca ricompensa il lavoro del lettore con straordinaria generosità. A chi volesse farne o rifarne l'esperienza, suggerisco questo ordine. Una certa cura andrebbe dedicata ai canti proemiali (*Inferno* 1 e 2), dove si disegna essenzialmente la concezione del poema e si presentano i tre protagonisti: il pellegrino mistico, il suo maestro (Virgilio), il suo amore eterno (Beatrice). Si proseguirebbe poi fino alla fine con una lettura continuata, che unisca la comprensione puntuale del significato letterale con lo slancio e la velocità indispensabili a cogliere, nel suo insieme, l'unità narrativa del poema. A questo punto, sarebbe proficua una ricognizione d'ordine storico sulla forma letteraria dell'opera: che cosa vuol dire il titolo *Commedia*, quali testi e quali autori Dante tenne a modelli, come si presenta e che cosa suggerisce l'architettura formale del poema. Si tornerà quindi sui brani di cui è più aperta l'ispirazione politica e profetica: le pagine dedicate a Firenze (soprattutto i canti di Cacciaguida nel *Paradiso*), al disordine d'Italia, alle degenerazioni della Chiesa, alla prossima resurrezione dell'autorità imperiale. Dato che questa idea della storia ha il suo luogo in un ben determinato sistema del mondo, immagine dell'Amore divino, gioverà anche prendere in esame certi elementi della filosofia e teologia "scolastica", che Dante ha fatto suoi: tra essi, quella nozione di "libero arbitrio" che giustifica la divisione delle anime tra «sommersi» e «salvati», e fornisce, insomma, il criterio per la configurazione morale dell'Aldilà. Intesa, per grandi linee, la *Commedia* come opera di pensiero, sarà naturale rivolgersi ad essa come a opera di *poesia*, e rievocare il mondo iridescente degli affetti umani quale Dante l'ha rappresentato nei suoi personaggi (maggiori e minori) e nelle mille visioni che il racconto del viaggio straordinario gli ha suscitato nella fantasia. Infine, si potranno raccogliere alcune verifiche più tecniche sullo stil comico di Dante.

Per la coscienza letteraria dell'età di Dante, e di Dante stesso secondo quanto risulta dal *Convivio* e dal *De vulgari eloquentia*, poesia è – ordinariamente – la forma verbale, immaginosa e musicale, che l'arte conferisce a una verità dell'intelletto, per renderla meglio comunicabile, ricevibile, memorabile. Con le parole di san Tommaso: «proprio dell'arte poetica è rappresentare la verità delle cose per mezzo di certe finzioni (*aliquibus similitudinibus fictis*)». Ma Dante sa anche come la poesia dia forma, almeno in speciali occasioni, a una verità interiore altrimenti non attingibile: «I' mi son un che, quando / Amor mi spira, noto e a quel modo / ch'e' ditta dentro vo significando» (*Pg* 24, 52-54). Per la moderna coscienza letteraria, quest'ultimo aspetto è caratterizzante, al di là di ogni vincolo contenutistico. Non leggiamo la *Commedia*, come l'autore avrebbe voluto, per riconoscere la nostra posizione di uomini nel Creato. Non la leggiamo soltanto come grandioso documento di storia intellettuale o come monumento di sapienza tecnico-letteraria. La leggiamo e rileggiamo perché le idee e le esortazioni di Dante, reimmerse nella corrente del vivo sentimento, sono divenute materia per una potente fantasia formatrice.

Naturalmente ciò vale per ogni opera d'arte – che, se non vi prevalesse il momento fantastico, non si direbbe tale, ma opera d'intelletto, o di buona volontà, o di tensione vitale. Nel caso del poema dantesco, tuttavia, la forza dei contenuti morali e intellettuali (compresi, fra questi ultimi, i fatti propriamente tecnico-letterari) è tale da rendere assai delicato il problema della "unità" e "organicità" dell'opera. In particolare, Benedetto Croce (1921; ed. 1922 pp. 67-71), pur consentendo che il poema «è sicuramente un'unità», in quanto i diversi momenti (quello intellettuale-morale e quello lirico) si condizionano l'un l'altro, invitava a distinguervi le «parti strutturali» dalle «poesie o gruppi di poesie». Riuscì fin troppo facile replicare a Croce che una lettura frammentaria della *Commedia* è insostenibile. Ben più difficile fu ed è rielaborare, nel segno della positività estetica, l'esperienza comune, e inevitabile, dell'escursione fra diverse – diciamo così – intensità di lettura: fra l'esposizione etica nell'XI canto dell'*Inferno* e il racconto di Ugolino, poniamo, o fra il discorso sulle macchie lunari e la visione di Cacciaguida. Negli ultimi decenni, la questione è caduta, non tanto per un effettivo esaurirsi della sua dinamica concettuale, quanto per l'orientamento della migliore critica dantesca in senso nettamente filologico e storico-culturale. Vi è però il rischio che ciò si traduca, più o meno consapevolmente, in una nuova riduzione della poesia a "letteratura", cioè a congegno di soluzioni formali per servire un contenuto intellettuale (la *Commedia* come il *Tesoretto*, dunque, o come un *Tesoretto* più ricco di "contenuti" e più maturo nelle "forme" della versificazione, dell'ornato, dell'arte allusiva...). Il passo successivo è la riduzione della "letteratura" al suo contenuto, a ideologia o a fede – come avveniva appunto nel massimo dantista americano, Ch. S. Singleton (1965, trad. it. p. 469), il quale considerava puramente teorico il caso «che un ateo convinto arrivi a un'intelligente lettura della *Divina Commedia*».

Chi scrive è persuaso che la *Commedia* sia riuscita unitariamente come opera di poesia, nel senso che sempre in essa il momento intuitivo-espressivo si trova a prevalere, di fatto, sugli altri: i quali ben sussistono, e devono – e possono – essere filologicamente conosciuti, sotto pena dell'incomprensione letterale del testo e d'una conseguente lacunosità o genericità della rievocazione. L'unità d'ispirazione vi si trova attuata nella coerenza e nella costante autenticità dello stile (come si cercherà di mostrare nei prossimi capitoli). Ciò non comporta che in ogni punto del testo siano, invece, uguali l'intensità e la complessità dell'intuizione-espressione. Lo sguardo dantesco, infatti, abbraccia una prospettiva così ampia dell'esperienza umana che può fermarsi sulla più rapida e luminosa parvenza dei sensi, così come sul motivo più cupo induratosi nelle cavità dell'animo; e sull'una o sull'altro può fermarsi con adesione profonda e valorizzazione piena dell'oggetto, oppure con un sol cenno fuggevole.

L'escursione dell'intensità espressiva non deve però essere risolta in una formula critica, come quella dell'alternanza fra poesia e non-poesia, che induca il lettore ad alternare a sua volta, di pagina in pagina, attitudini diverse. Può qui offrire un paragone l'esperienza dell'ascolto musicale, che sempre tende a cogliere insieme la singola nota, la frase e l'insieme della forma. In una sinfonia non c'è solo l'Adagio, e nell'Adagio non c'è solo il tema principale, anche se il tema principale dell'Adagio sia quello in cui – eventualmente – batta l'accento più elevato della creazione e culmini la felicità dell'ascolto. Ma il tema non sarebbe quello che è se non fosse inserito nel movimento, e l'eco del movimento, in chi ascolta, non sarebbe quella che è se il movimento non si desse in una certa sequenza di movimenti, cioè nella sinfonia.

Non diversamente, nei grandi episodi della *Commedia* batte l'accento più elevato della creazione e la nostra esperienza di lettori sente di toccare il suo culmine; ma quegli episodi non sarebbero ciò che sono se non fossero inseriti nella sequenza completa, e non li intenderemmo né li sentiremmo per quello che effettivamente sono se non li intendessimo e non li sentissimo nella sequenza completa degli episodi e delle situazioni. Ogni momento del poema, ogni sua "scena" o "quadro" che dir si voglia, è condizionato dalla sua posizione nell'intero; e questa condizione si produce non soltanto sul piano contenutistico-letterale (che sarebbe ovvio), ma anche su quello propriamente poetico, attraverso la tonalità o atmosfera sentimentale – il disperato dolore, la speranza infallibile, l'eterna letizia – che domina ciascuna cantica.

Senza mutare l'impianto e il taglio del volumetto, che hanno riscosso qualche consenso fra i lettori, ho introdotte le rettifiche d'interpretazione consigliatemi da un decennio di studio sul testo della *Commedia*.

Roma, settembre 2012

Per i rinvii alle opere di Dante si sono usate queste sigle:
Vn (*Vita nova*);
Cv (*Convivio*);
Dve (*De vulgari eloquentia*);
Mn (*Monarchia*);
If (*Inferno*);
Pg (*Purgatorio*);
Pd (*Paradiso*).

La *Commedia* si cita per le prime due cantiche dall'edizione con revisione del testo e commento a mia cura (Carocci, Roma 2007 e 2011); per il *Paradiso* dall'edizione critica a cura di G. Petrocchi, Mondadori, Milano 1966 (tenuto conto dell'edizione a cura di F. Sanguineti, Galluzzo, Tavarnuzze 2001).

1. Allegoria fondamentale e unità narrativa

1.1. I canti proemiali (*If* 1 e 2)

«Nel mezzo del cammin di nostra vita / mi ritrovai per una selva oscura...». Con il rigore di una formula protocollare, l'inizio della *Commedia* segna tre punti di riferimento: il tempo dell'azione, il luogo, la presenza di un *io* narrante: un uomo giunto al colmo del suo arco vitale. La perifrasi del verso 1 si scioglie compiutamente solo a *If* 21, 113, dove si dichiarano trascorsi 1.266 anni (e 19 ore) dalla morte di Cristo: siamo perciò nel 1300, anno del primo Giubileo cattolico – rito di perdono, indulgenza e riconciliazione indetto da papa Bonifacio VIII per venire incontro a un'attesa largamente diffusa e variamente colorata di messianismo. L'identità del narrante è rivelata per gradi: in *If* 1, 87, apprendiamo che egli professa l'arte letteraria; in *If* 2, 61-70, che è «amico» della beata Beatrice; in *If* 6, 49, che è fiorentino... Solo a *Pg* 30, 55, «di necessità», Beatrice ne pronuncia il nome: «Dante».
Il verbo «mi ritrovai» indica un ritorno alla coscienza: letteralmente è il risveglio dal torpore, o «sonno» (*If* 1, 11), in cui il protagonista era immerso quando gli accadde di smarrire la «verace via» ed entrare nella «selva».

> Ma poi ch'i' fui al piè d'un colle giunto,
> là dove terminava quella valle
> che m'avea di paura il cor compunto,
> guardai in alto e vidi le sue spalle
> vestite già de' raggi del pianeta
> che mena dritto altrui per ogne calle.

Il ridestato esce dalla selva (vv. 13-18) e muove in direzione di un colle illuminato dal primo sole, ma viene affrontato da tre bestie: una «lonza» (imprecisabile felino dalla pelle maculata), un leone e una lupa; quest'ultima gli si fa incontro e lo risospinge nell'oscurità. Appare improvvisamente una figura di incerto contorno («ombra o omo»), che si presenta come lo spirito di Virgilio («Non omo, omo già fui») e riceve perciò l'affettuoso omaggio di D. (Nei limiti del possibile, distingueremo "D.", come personaggio in azione, da "Dante" autore e narratore.)

L'atmosfera del racconto cambia: vi irrompe la storia. I due personaggi si definiscono l'uno all'altro come individui umanamente concreti (vv. 70-75, 82-87):

> «Nacqui sub Iulio, ancor ch'e' fosse tardi,
> e vissi a Roma sotto 'l buono Augusto,
> al tempo delli dèi falsi e bugiardi.
> Poeta fui e cantai di quel giusto
> figliuol d'Anchise che venne di Troia
> poi che 'l superbo Iliòn fu combusto...»
> [...]
> «O degli altri poeti onore e lume,
> vagliami 'l lungo studio e 'l grande amore
> che m'ha fatto cercar lo tuo volume.
> Tu sè lo mio maestro e 'l mio autore;
> tu sè solo colui da cu' io tolsi
> lo bello stilo che m'ha fatto onore...»

Retrospettivamente, l'onirica situazione iniziale si svela ora come una figurazione, i cui termini sono ispirati a un non difficile simbolismo di estrazione scritturale.

La «selva» è la vita mondana, afflitta dal peccato, come già in sant'Agostino, *Confessioni* X 35 («questa immensa selva piena di pericoli»); in *Pg* 23, 118 D. dirà a Forese: «Di quella *vita* mi volse costui [cioè Virgilio] [...] l'altrier...». La «selva» è anche «deserto», «valle» (la «valle di lacrime» dei *Salmi*) e «pelago», mare profondo e tempestoso «che non lasciò già mai persona viva». La «verace via» è Cristo (Giovanni 14,6: «Ego sum via, veritas et vita»). Il sole, «che mena dritto altrui per ogne calle», è Dio, in forza di un valore esemplare notissimo (cfr. *Cv* III 12, 7: «nullo sensibile in tutto lo mondo è più degno di farsi essemplo di Dio, che 'l sole»). Il colle illuminato dal sole-Dio, il «dilettoso monte / ch'è principio e cagion di tutta [perfetta] gioia» (vv. 77-78), rappresenta la felicità naturale e s'identifica idealmente (non topograficamente) con la montagna dell'Eden, di cui parlerà Beatrice in *Pg* 30, 74-75: «Come degnasti d'accedere al monte? / non sapei tu che qui è l'uom felice?». Le bestie sono tentazioni diaboliche, che impediscono a D. di ritornare con le sole proprie forze alla «retta via». Il terzetto è biblico: «il *leone* della selva li ha percossi, il *lupo* del vespro li ha dilaniati, il *pardo* sta in agguato presso la loro città» (Geremia 5,6: dove per altro le fiere sono strumenti di punizione divina). Il correlativo della lonza e del leone non è sicurissimo: ma si tratterà della lussuria e della superbia. Di certo la belva più pericolosa, la lupa, «di tutte brame [...] carca», è immagine della cupidigia. Virgilio spiega che la lupa impedisce a chiunque di accedere al colle, e continuerà così finché non sarà uccisa da un «veltro», un cane da caccia, che (*If* 1, 106-108)

> di quella umile Italia fia salute
> per cui morì la virgine Cammilla,
> Eurialo e Turno e Niso di ferute.

Avvertiamo un nuovo spostamento del punto di vista. La figura di D. dispiega infatti un significato che supera l'individualità del personaggio. Il suo smarrimento nella selva non è solo una condizione individuale – per cui ha rischiato di «morire» nel peccato –, ma rappresenta anche lo sviamento del genere umano in quel dato momento storico. Difatti la cupidigia non è tanto una tentazione personale di D. (si apprenderà, a tempo debito, che il suo vizio maggiore è semmai la superbia: *Pg* 13, 136-138), quanto una forza che domina il mondo, perché contro di essa non agisce la maestà dell'unico Imperatore. In concreto, la manifestazione più grave della cupidigia, ossia la «lupa» storica, è la Chiesa corrotta che per sete di dominio terreno si è fatta nemica dell'Impero. Dalla Provvidenza si aspetta dunque l'avvento di chi, vincendo la cupidigia (la Lupa-Chiesa corrotta e i re cui essa «si ammoglia»), ristabilisca la giustizia e la pace, condizioni della felicità umana in questa vita (cfr. PAR. 3.4). Tale annuncio – in parte ancora velato di immagini – è affidato a Virgilio che, nella sua identità storica, è il poeta-profeta dell'Impero romano *sine fine* (come si legge in *Eneide* I 279).

L'identità del «veltro» è celata in un enigma («sua nazion sarà tra feltro e feltro») di cui l'ingegno degli esegeti non ha ancora trovato la chiave. Si consideri che la complementare profezia di *Pg* 33 annuncia la venuta di un erede dell'Aquila, ossia di un imperatore romano; e anche il «veltro» è presentato come erede del sacrificio di Eurialo e Niso, di Camilla e di Turno, ossia delle vittorie di Enea. In attesa della redenzione universale, al peccatore D. la misericordia divina ha inviato una guida che lo riconduca alla verità e alla salvezza attraverso un viaggio di conoscenza e di liberazione morale, tra gli «antichi spiriti dolenti» nell'Inferno e tra «color che son contenti / nel foco» del Purgatorio; Virgilio preannuncia anche una successiva ascesa fra le «beate genti», condotta da un'anima «più degna» (1, 122) che si saprà, più avanti, essere Beatrice. E come l'individuo D., lo si è visto, significa allegoricamente l'umanità, così Virgilio e Beatrice significano le due guide, coordinate fra loro, che Dio ha concesso all'umanità: la Ragione naturale e la Rivelazione (cfr. PAR. 3.1). Nonostante la sua fiducia nel maestro, D. ha paura dell'«alto passo», teme che varcare la soglia dell'Aldilà sia «folle», temerario. Sa che a Enea e a san Paolo Dio permise tale impresa in vista delle rispettive missioni universali: la fondazione dell'Impero e quella della Chiesa. «Ma io perché venirvi?», domanda, «Io non Enea, io non Paulo sono» (2, 31-32). Virgilio non risponde propriamente a questo interrogativo, ma vince la «viltà» di D., assicurandogli che il viaggio è assistito da tre donne celesti: Maria, Lucia e Beatrice, la quale ultima si è spinta nel Limbo per chiedere al poeta latino di farsi guida per la prima parte del tragitto. Nel racconto, rivive l'«angela giovinetta» della *Vita nova* (vv. 55-62):

> Lucevan li occhi suoi più che la stella;
> e cominciommi a dir soave e piana,
> con angelica voce, in sua favella:
> «O anima cortese mantoana
> [...]
> l'amico mio, e non della ventura,
> nella diserta piaggia è impedito».

L'amore purissimo di Beatrice (ma, si capisce, è l'amore di Dante che parla) detta qui un verso straordinario: «l'amico mio, e non della ventura», l'amico che è stato mio e sarà mio, da sempre e per sempre, non secondo l'andare e venire delle contingenze. Alla fine, la poesia del momento fa nascere anche, con sublime incongruenza, un velo di pianto negli occhi di un'anima eternamente beata: «li occhi lucenti lagrimando volse» (v. 116).
Quanto alla domanda di D. sul «perché» del viaggio straordinario, la risposta verrà più tardi. Senza dubbio, D. *non è* Enea e *non è* Paolo: non è

un eroe né un santo, ma un peccatore sull'orlo della dannazione. E tuttavia, per altro verso, egli *è* un altro Enea e un altro Paolo, perché chiamato a ricevere e trascrivere verità che saranno «cagione» agli uomini di felicità temporale (come fu per Enea), e verità che daranno «conforto» alla fede (come fu per Paolo). Il solenne mandato è espresso da Beatrice nell'Eden: «...in prò del mondo che mal vive [...] quel che vedi, / ritornato di là, fa che tu scrive» (*Pg* 32, 103-105); e da san Pietro in Paradiso: «E tu, figliuol, che per lo mortal pondo / ancor giù tornerai, apri la bocca, / e non asconder quel ch'io non ascondo» (*Pd* 27, 64-66).

1.2. Il viaggio

1.2.1. Calendario Dante ha concepito per il suo viaggio oltremondano una cronologia serratissima, ricostruibile sia pure con qualche incertezza (Camilli, 1950) dalle allusioni sparse nel poema. D. incontra le tre fiere al mattino del 25 marzo 1300, venerdì (anniversario della morte di Gesù, datata tradizionalmente al 25 marzo dell'anno 34); il *descensus per Inferos* comincia al tramonto, occupa tutta la notte e il giorno seguente fino a sera. La risalita dal centro della Terra al monte dell'Eden dura ventuno ore, ma coincide con il guadagno di dodici ore, a causa del passaggio da un emisfero all'altro: le 19.30 del 26, a Gerusalemme, sono le 7.30 dello stesso 26 nell'Eden. Così che: D. è ai piedi del monte all'alba del 27 marzo, *dies dominica*, e completa la sua purificazione al mezzodì del 30. Il percorso nel Purgatorio è più lungo perché il tempo notturno non può essere impiegato per salire (insomma, non si può dare ascesa al bene senza divina illuminazione: cfr. Giovanni 12,35, «camminate mentre avete la luce, che le tenebre non vi colgano»). L'ascensione attraverso i cieli fisici dura circa diciannove ore, mentre la visione dell'Empireo (canti XXX-XXXIII del *Paradiso*) si svolge in un "tempo" mistico non calcolabile.

L'esordio della *Commedia* è del tipo *in medias res* ("nel mezzo dell'argomento", Orazio, *Ars poetica*, v. 148), come nell'*Eneide* – e più marcatamente, perché l'inizio del racconto virgiliano («Urbs antiqua fuit») è preceduto da undici versi proemiali, comprensivi dell'invocazione alla Musa (che Dante posticipa a *If* 2, 7: «O Muse, o alto ingegno, or m'aiutate»). L'antefatto, che nell'*Eneide* è narrato da Enea a Didone nei libri

II e III, nella *Commedia* è solo accennato durante lo scambio di accuse e confessioni, tra Beatrice e D., in *Pg* 30-33.

1.2.2. Inferno [c. 3] Appena varcata la porta dell'Inferno – la città del diavolo –, i viaggiatori incontrano la schiera innumerevole degli incerti, che mai scelsero fra il bene e il male; anche il poeta li condanna, lasciandoli tutti nell'anonimato, compresa «l'ombra di colui / che fece per viltade il gran rifiuto» (papa Celestino V?). Le anime propriamente dannate debbono invece passare il fiume Acheronte, traghettate da Caronte. [c. 4] D. e Virgilio giungono al Limbo, là dove gli innocenti che non ebbero la fede soffrono l'unica, ma struggente, pena della privazione di Dio. Un «nobile castello» è la dimora abituale dello stesso Virgilio, come pure degli altri grandi pagani, da Omero (che accoglie D. con segni di amicizia) ad Aristotele, da Enea a Cesare. [c. 5] Le anime dei peccatori sono invece sottoposte al giudizio di Minosse: a seconda del peccato commesso, egli le condanna all'una o all'altra pena infernale. Nel secondo cerchio i lussuriosi sono trascinati dal vento: qui D. ascolta, con dolore profondo, la confessione di Francesca da Rimini, uccisa dal marito per l'adulterio con Paolo. [c. 6] Nel terzo cerchio, i golosi sono tormentati da una pioggia sudicia e da Cerbero, il mitico cane tricipite. Il concittadino Ciacco offre a D. la prima rivelazione delle sventure che lo aspettano, profetizzando la rovina dei Bianchi fiorentini, nel 1302. [c. 7] Al quarto cerchio, custodito da Pluto, sono destinati gli avari e i prodighi, che in schiere contrastanti spingono macigni con il petto. Virgilio, nella sua funzione di saggio maestro, tratta della Fortuna, un'intelligenza angelica cui Dio ha deputato il governo dei beni mondani, perché li «permutasse a tempo [...] di gente in gente e d'uno in altro sangue, / oltre la difension d'i senni umani». I viaggiatori giungono quindi alla palude dello Stige, dove sono immersi quanti peccarono per ira, o per il vizio contrario: l'accidia. [c. 8] Varcano il pantano sulla barca di Flegiàs e approdano sotto una cinta muraria che rinchiude l'Inferno più profondo. Virgilio chiede ai diavoli, che si affollano sulla porta, di lasciar entrare lui e il suo discepolo, ma è beffardamente respinto (Satana cerca di contrastare il viaggio di D., perché è conscio del bene che da esso deriverà al genere umano). [c. 9] Deve intervenire un messo celeste – un angelo – che con semplice gesto spalanca il portale. Subito al di là delle mura, in sepolcri infuocati, patiscono gli eretici. [c. 10] D. ha un emozionante colloquio con due fiorentini: il capo ghibellino Farinata degli Uberti (che gli profetizza le amarezze dell'esilio, nel termine di cinquanta mesi) e Cavalcante de' Cavalcanti, padre del «primo amico», Guido. [c. 11] Durante una sosta, Virgilio descrive l'ordine delle pene infernali (cfr. PAR. 2.4). [c. 12] Elusa la guardia del Minotauro, i viaggiatori scendono alla riva di un fiume di sangue bollente (il Flegetonte), vigilato dai Centauri: vi sono immersi i violenti che infierirono sul prossimo, come Ezzelino da Romano e Attila. [c. 13] I suicidi sono trasformati in orride piante, fra i cui rami si annidano le Arpìe: si rivela Pietro delle Vigne, il famoso ministro dell'imperatore Federico. Nella medesima selva, gli scialacquatori, violenti contro sé stessi nel patrimonio, sono torturati da cagne feroci. [c. 14] Una pioggia di fuoco percuote i violenti contro Dio, che si rivolsero contro il Suo nome (bestemmiatori: fra essi, l'antico Capaneo) [c. 15] o contro le prescrizioni di Natura nella sfera sessuale (pervertiti di vario genere) o contro il sano esercizio delle arti produttive (usurai). Fra i peccatori contro la Natura, D. ritrova il paterno maestro della giovinezza, Brunetto Latini. Dal dialogo che nasce – in un intreccio di ricordi e profezie – si disegna un ritratto del protagonista nel segno della gloria letteraria e delle virtù della vita attiva («Se tu segui tua stella / non puo' fallire a grorioso porto»), centrate sull'orgogliosa superiorità ai mali di fortuna («però giri Fortuna la sua rota / come le piace...»). [c. 16] L'incontro con tre illustri fiorentini della vecchia generazione, dannati per peccati sessuali, dà occasione a D. per una sdegnata riprovazione della «gente nuova» e dei «sùbiti guadagni» che hanno viziato la città. [c. 17] Dopo un breve passaggio fra gli usurai, Virgilio e D. discendono all'ottavo cerchio in groppa al mostro alato Gerione, «sozza imagine di froda». [c. 18] Divisi in dieci fosse, le Malebolge, sono qui detenuti gli ingannatori. Ai seduttori e ruffiani (sferzati dai diavoli) seguono gli adulatori (ricoperti di sterco: fra loro, la «puttana» Taide). [c. 19] Gli ecclesiastici corrotti (detti simoniaci) sono ficcati a testa in giù in pozzetti circolari; Dante, che sogna una Chiesa povera e priva di potere politico, li condanna aspramente. Lo spirito di papa Niccolò III preannuncia la morte e la dannazione di Bonifacio VIII (1303) e di Clemente V (1314). [c. 20] Gli indovini, tra i quali è la maga Manto, hanno il volto girato sulla schiena. [c. 21] I politici corrotti, o «barattieri», sono immersi nella pece bollente. In questa bolgia, D. e Virgilio si imbattono in un pittoresco reparto di diavoli, detti «Malebranche», e [c. 22] assistono alla beffa che loro infligge un dannato. [c. 23] Nella sesta bolgia, gli ipocriti si trascinano sotto cappe fratesche di piombo dorato. [c. 24] I ladri sono invece sottoposti ad atroci e incredibili mutazioni, da uomo a serpente e viceversa. [c. 25] Nella descrizione delle metamorfosi, Dante emula i maestri latini: «Taccia Lucano [...] Taccia [...] Ovidio». [c. 26] La bolgia dei consiglieri di frode impone al viaggiatore (e all'autore nel momento in cui ricorda e scrive: «Allor mi dolsi e ora mi ridoglio») una meditazione sulla necessità di non esercitare l'ingegno senza la ferma guida della morale. I dannati sono chiusi ciascuno in una fiamma; fanno eccezione Diomede e Ulisse, congiunti nella pena come lo furono nel delitto (gli inganni che portarono alla caduta di Troia). Da Ulisse D. ascolta il racconto dell'ultimo viaggio, oltre le Colonne d'Ercole, e del naufragio che gli fu inflitto dalla volontà divina. [c. 27] Nella medesima bolgia, D. incontra anche il condottiero Guido da Montefeltro, morto in peccato mortale per colpa di papa Bonifacio VIII. [c. 28] Seguono i seminatori di scismi e discordie (come Maometto e Bertran de Born), che sono, per «contrapasso» (v. 142: ossia, per una simmetria fra peccato e punizione), tagliati e mutilati da un diavolo. [c. 29] I falsari sono piagati da varie malattie; [c. 30] un falsatore di moneta, Adamo, reso gonfio dall'idropisia, e il mentitore greco Sinone (altro responsabile della rovina dei Troiani), febbricitante, si scambiano battute ingiuriose, per il divertimento di D. (perciò rimproverato da Virgilio: «...voler ciò udire è bassa voglia»). [c. 31] Fra l'ottavo e il nono cerchio, sono il biblico Nembròt e altri giganti, uno dei quali, Anteo, depone i viaggiatori sulla superficie ghiacciata del fiume Cocìto. [c. 32] Per cantare il «tristo buco», il poeta chiede alle Muse le rime «aspre e chiocce» che si convengono. Prigionieri del ghiaccio, i traditori sono qui divisi in quattro zone, denominate dai dannati più celebri (Caino, Antenore troiano, Tolomeo faraone d'Egitto, Giuda). Nella Caìna, si trovano i traditori dei parenti. Nell'Antenòra, fra i traditori politici, Dante scorge il conte Ugolino che si accanisce per l'eternità sul suo nemico, l'arcivescovo Ruggeri; [c. 33] il conte narra della morte per fame, sua e dei figliuoli, in una prigione pisana. Nella Tolomea, stanno i traditori degli ospiti: peccato così grave, che spesso l'anima cade subito all'Inferno, mentre il corpo, governato da un diavolo, continua a vivere sulla Terra fino alla sua naturale consumazione. [c. 34] Nella Giudecca, infine, sono puniti coloro che tradirono i propri benefattori. Al centro della Terra, vale a dire nel punto più basso del Cosmo, sta Lucifero-Satana, che si ribellò al Creatore e ora maciulla nelle sue tre bocche Bruto e Cassio – traditori di Cesare – e Giuda, che vendette Cristo. Dopo quest'ultimo spettacolo del male, D. e Virgilio imboccano uno stretto cunicolo che attraversa l'intero emisfero meridionale; usciti all'aperto, possono «riveder le stelle».

1.2.3. Purgatorio [c. 1] Si trovano, al termine della notte, sulla spiaggia ai piedi del monte dell'Eden, sede del Purgatorio. Custode del luogo è l'antico Catone: nel suo suicidio Dante ha visto un esempio di libertà morale prefigurante la libertà dal male che Cristo ha portato agli uomini; mostrando D. a Catone, Virgilio dice infatti: «libertà va cercando, ch'è sì cara / come sa chi per lei vita rifiuta. / Tu 'l sai, che non ti fu per lei amara / in Utica la morte...». Catone ordina che D. sia deterso con la rugiada e cinto di giunco. [c. 2] Approda, condotto da un angelo, un gruppo di anime salve, fra le quali D. incontra l'amico Casella, musicista; poiché le anime si attardano rapite dal suo canto (Casella ha intonato la dantesca *Amor che nella mente mi ragiona*), Catone deve intervenire per sollecitarle a dare inizio all'espiazione. [c. 3] Traendo spunto da un fenomeno che la luce del giorno ha rivelato (la figura degli spiriti non fa ombra), Virgilio attesta i limiti della ragione e l'inappagato desiderio in cui vissero e ora soffrono nel Limbo i savi privi di fede: «"io dico d'Aristotile e di Plato / e di molt'altri"; e qui chinò la fronte, / e più non disse, e rimase turbato». Nella zona dell'Antipurgatorio sostano, per tempi diversi, i morti in stato di scomunica e coloro che si pentirono solo in fin di vita. Dalla schiera dei morti scomunicati parla la nobile e bella figura di Manfredi, re di Sicilia. [c. 4] Fra gli spiriti pigri, è quello del fiorentino Belacqua, che riprende con bonaria ironia l'impazienza di D. [c. 5] Bonconte da Montefeltro (figlio di Guido) narra di come fosse sorpreso dalla morte in battaglia e salvasse l'anima rivolgendosi alla Vergine Maria. Parla poi brevemente una donna gentile, assassinata dal marito, la Pia. [c. 6] Anche altri spiriti chiedono a D. di ricordarli alla preghiera dei viventi, che può abbreviare le loro penitenze. Resta in disparte un'anima, che si rivela per quella del trovatore Sordello; il suo entusiasmo, per l'incontro con il compatriota mantovano Virgilio, evoca un accorato lamento di Dante sulla presente divisione e servitù d'Italia. [c. 7] Sordello conduce i due viaggiatori in una valletta dove potranno trascorrere la notte; il luogo è abitato da un'altra schiera di negligenti: re e principi che si lasciarono troppo assorbire dalle cure mondane (Rodolfo d'Asburgo e altri). [c. 8] D. incontra qui l'amico Nino Visconti, e da Corrado Malaspina ha la profezia di un grato soggiorno in Lunigiana (1306). [c. 9] Sogna quindi di essere rapito da un'aquila e, al risveglio, si trova effettivamente dinanzi alla porta del Purgatorio, essendovi stato trasportato da santa Lucia. L'angelo portinaio incide sulla sua fronte sette P, corrispondenti ai sette peccati capitali, che saranno cancellate ciascuna all'uscita dal corrispondente girone. [c. 10] Nel primo, le anime espiano i peccati di superbia, oppresse da macigni; esempi di umiltà sono intagliati nella parete. [c. 11] Il celebre miniatore Oderisi da Gubbio ammonisce D. circa la vanità della gloria mondana, compresa quella letteraria che pure gli annunzia indirettamente. [c. 12] Sul pavimento sono figurati esempi di superbia punita, fra cui la rovina di Troia. [c. 13] Nella seconda cornice, gli invidiosi hanno le palpebre cucite e ascoltano, da voci volanti, esempi di carità e di invidia; D. colloquia con Sapìa senese e [c. 14] ragiona con Guido del Duca e Rinieri da Calboli dell'imbestiata vita civile in Toscana e in Romagna. [c. 15] Virgilio dà spiegazioni sul peccato dell'invidia. Nel girone seguente, D. ha la visione estatica di esempi di mansuetudine. [c. 16] Nella tenebra che avvolge gli iracondi, il motivo politico è ripreso dal discorso di Marco Lombardo sui poteri universali, Chiesa e Impero. [c. 17] Virgilio tratta dell'ordine purgatoriale (cfr. PAR. 2.4) e [c. 18] dell'amore. Oltrepassato il girone in cui gli accidiosi sono costretti a correre senza posa (gridando esempi di sollecitudine e di accidia), D. è vinto dal sonno: [c. 19] sogna la Sirena, simbolo della seduzione dei beni mondani. Visita poi gli avari e i prodighi: stesi bocconi con mani e piedi legati, alternano lodi della povertà e deprecazioni dell'avarizia. [c. 20] Uno di loro, Ugo Capeto, maledice i re francesi, suoi discendenti. [c. 21] Appare un'anima che, appena liberata dalla penitenza, sale verso il Paradiso: è il poeta latino Stazio. Questi riconosce in Virgilio il proprio maestro artistico e spirituale: [c. 22] con l'ecloga che profeticamente annunciava «Secol si rinova», il pagano Virgilio lo ha infatti indirizzato alla vera fede («Per te poeta fui, per te cristiano»). [c. 23] I tre poeti attraversano quindi il girone dei golosi, ischeletriti dalla fame e dalla sete che suscita in loro la visione di un albero carico di frutti e stillante acqua; inoltre dalle fronde escono voci enunzianti esempi di temperanza e di gola. D. incontra l'amico Forese Donati, con il quale condivide il rimorso per il passato avvolgimento nella vita mondana. [c. 24] A Bonagiunta da Lucca D. spiega che il proprio stile è ispirato direttamente dall'Amore, come non accadeva ai manierati poeti della più antica "scuola", compreso lo stesso Bonagiunta. [c. 25] Dopo aver ascoltato una lezione di Stazio sulla genesi dell'anima umana, D. raggiunge l'ultimo girone: i peccatori camminano nelle fiamme, cantando esempi di castità e di lussuria. [c. 26] Fanno penitenza, fra gli altri, due poeti carissimi a Dante, il bolognese Guido Guinizzelli e il provenzale Arnaut Daniel. [c. 27] Dinanzi al muro di fuoco, che bisogna varcare, D. esita. L'ultimo legame con la sensualità è sciolto grazie alla forza dell'amore: quando Virgilio dice «Or vedi, figlio: / tra Beatrice e te è questo muro», D. entra nel fuoco. I tre poeti giungono in cima al monte e Virgilio proclama solennemente che la prima parte del viaggio è conclusa, che il suo alunno ha riconquistato appieno la libertà di volere il bene; il magistero di Virgilio si è esaurito, le potenze della ragione naturale si sono per intero trasferite in D.: «Non aspettar mio dir più né mio cenno: / libero, dritto e sano è tuo arbitrio». [c. 28] L'Eden è un meraviglioso giardino, custodito da una donna di straordinaria bellezza: Matelda, personificazione della felicità che gli uomini avrebbero goduto se non fossero caduti nel peccato originale. [c. 29] D'improvviso, il giardino è animato da una processione mistica, i cui componenti rappresentano collettivamente la Parola di Dio. Sul carro, che è al centro della processione, trainato da un Grifone (che rappresenta Cristo), [c. 30] siede Beatrice. D. risente la potenza dell'antico amore; ma intanto «...Virgilio n'avea lasciati scemi [privi] / di sé, Virgilio dolcissimo patre». Beatrice rimprovera aspramente «Dante» per lo sviamento peccaminoso cui ha ceduto dopo la morte corporale della santa amica, dieci anni prima. (Si è molto discusso sull'effettiva consistenza storico-biografica dello sviamento dantesco; ed è possibile che l'allusione di Beatrice alla «scuola ch'hai seguitata» e alla «vostra via» distante «dalla divina» [*Pg* 33, 85-89] vada riferita a errori filosofici. Ma l'episodio va più largamente interpretato in funzione dello schema morale-esistenziale della «conversione», quale momento essenziale di ogni vita cristiana e, insieme, della storia del genere umano: cfr. PAR. 2.6). [c. 31] Il rito penitenziale si compie con la confessione e con l'immersione di D. nel fiume Lete, le cui acque liberano dal ricordo oppressivo dei peccati commessi. [c. 32] Intorno al carro, da cui Beatrice è discesa, si produce un dramma allegorico che raffigura la storia della Chiesa, e soprattutto le gravissime conseguenze della Donazione di Roma al papa da parte dell'imperatore Costantino. [c. 33] D. è incaricato di riferire agli uomini questa verità e l'annuncio di un Messo divino che porrà fine alle compromissioni fra la Chiesa e il potere secolare. Il messo è indicato con le cifre «cinquecento diece e cinque» (cfr. PAR. 5.3) e si identifica probabilmente con il Veltro di *If* I. Matelda fa bere a Stazio e a D. l'acqua del fiume Eunoè, che ravviva la memoria del bene operato. Il pellegrino è così pronto «a salire alle stelle».

1.2.4. Paradiso [c. 1] Beatrice e D. ascendono in cielo attraverso la sfera del fuoco. [c. 2] Giungono nella Luna («Per entro sé l'etterna margarita / ne ricevette...») e Beatrice dà spiegazioni circa le ombre che appaiono, a chi guardi dalla Terra, sulla superficie di quel pianeta. [c. 3] Come riflessi evanescenti si manifestano gli spiriti beati che, mancando ai voti, attenuarono i propri meriti; fra loro è la gentile Piccarda Donati, sorella di Forese. [c. 4] In realtà, i beati risiedono tutti nell'Empireo: ma a D. si mostrano nei cieli, che hanno influenzato le loro specifiche qualità (ad esempio, la Luna, che muta continuamente figura, inclina alla poca fermezza d'animo). «Così parlar conviensi al vostro ingegno, / però che solo da sensato [da oggetti sensibili] apprende / ciò che fa poscia d'intelletto degno» (vv. 40-42). [c. 5] Dottrina dei voti. Nel cielo di Mercurio si presentano gli spiriti che sono stati attivi nel mondo per ottenere fama (e ciò costituisce una lieve imperfezione). [c. 6] Giustiniano disegna la storia dell'Impero romano e [c. 7] Beatrice spiega perché la morte di Gesù sulla croce fu giusta, in relazione al peccato di Adamo, e ingiusta, rispetto alla persona di Cristo. [c. 8] Nel cielo di Venere appaiono gli spiriti amanti: sia Carlo Martello d'Angiò, che di Dante fu caro amico, sia [c. 9] Cunizza da Romano, che in vita seppe passare da grandi amori sensuali all'amore divino, pronunciano profezie politiche. Folchetto di Marsiglia, invece, protesta contro la corruzione ecclesiastica. [c. 10] Il cielo del Sole ospita le anime dei sapienti, compresa quella dell'eterodosso Sigieri. [c. 11] Dante stigmatizza con sarcasmo l'«insensata cura dei mortali» per gli affari del mondo. Tommaso d'Aquino elogia Francesco d'Assisi e condanna la decadenza dell'ordine domenicano cui egli stesso appartiene. [c. 12] Simmetricamente, il francescano Bonaventura loda san Domenico e deplora la condizione presente dei frati minori. [c. 13] Tommaso tratta della creazione; ammonisce a giudicare con cautela circa i destini ultraterreni degli uomini. [c. 14] Rispondendo a un dubbio di D., Salomone spiega come i corpi risorti, alla fine dei tempi, sapranno godere gli splendori paradisiaci. Nel cielo di Marte si manifestano gli spiriti militanti. [c. 15] D. viene salutato amorosamente dall'avo Cacciaguida, che gli descrive, con accento nostalgico, la sobria bellezza dell'antica Firenze, [c. 16] ormai guasta per la mescolanza fra le stirpi cittadine e quelle del contado. [c. 17] Cacciaguida completa ed esplica le profezie relative all'esilio di Dante («Tu lascerai ogne cosa diletta / più caramente [...] Tu proverai sì come sa di sale / lo pane altrui, e come è duro calle / lo scendere e 'l salir per l'altrui scale»), indicandogli un rifugio sicuro nella corte veronese di Cangrande della Scala. [c. 18] Nel cielo di Giove gli spiriti giusti formano il disegno di un'Aquila; [c. 19] essa ragiona sull'imperscrutabile giustizia divina, da cui [c. 20] furono salvati anche pagani come Rifeo e l'imperatore Traiano. [c. 21] Gli spiriti contemplanti si danno a vedere nel cielo di Saturno: parlano Pier Damiani e [c. 22] Benedetto da Norcia, severo con i monaci del presente. Beatrice e D. salgono verso il Firmamento (cielo delle Stelle). [c. 23] Dopo una visione di Cristo e Maria trionfanti, [c. 24] D. subisce un esame dottrinale, il cui fine è esaltare il suo possesso delle virtù teologali. San Pietro lo interroga sulla Fede; [c. 25] san Giacomo, sulla Speranza – di cui il pellegrino è proclamato, da Beatrice, sommamente virtuoso; [c. 26] san Giovanni Evangelista, sulla Carità. A sua volta, D. chiede ad Adamo chiarimenti sulle prime vicende del genere umano. Fra le altre cose, Adamo rivela che la lingua parlata da lui era già «spenta» al tempo della confusione babelica (a correzione di quanto si legge nel *De vulgari eloquentia*, dove la lingua dei primi uomini è identificata con l'ebraico). [c. 27] Ascoltato un fiero sermone di Pietro contro le degenerazioni della Chiesa, Beatrice e D. raggiungono il cielo Primo Mobile. [c. 28] Beatrice rivela al suo amico l'ordine delle schiere angeliche, ciascuna delle quali è deputata al movimento di un cielo (cfr. PAR. 2.4). [c. 29] Al termine di una complessa esposizione angelologica, la donna benedetta chiarisce che nelle anime sante l'amore per Dio segue alla visione intellettuale. [c. 30] Di là dai cerchi celesti, l'Empireo non ha esistenza fisica, né altro «luogo» che la mente divina. D. ha la visione di un fiume luminoso; poi, di un anfiteatro a forma di Rosa, sui cui gradini siedono i beati, con al centro Maria. [c. 31] Beatrice raggiunge il suo posto, accanto all'ebrea Rachele; mentre a D. si avvicina, come terza e ultima guida, Bernardo da Chiaravalle, il grande mistico. La sostituzione della guida allegorizza il passaggio dal credere, per fede, nella verità rivelata, al contemplare direttamente Dio. [c. 32] Bernardo indica e nomina alcuni santi; [c. 33] prega Maria («Vergine madre, figlia del tuo figlio, / umile e alta più che creatura, / termine fisso d'etterno consiglio») di concedere al pellegrino mortale una visione di Dio. E la visione si realizza, in sublimi forme che la memoria di Dante non ha potuto ricevere, e che la sua arte può quindi rendere soltanto in modo allusivo e schematico; la visione della suprema verità è riferita come un finale «fulgore» di incondizionata partecipazione all'amore «che move il sole e l'altre stelle».

2. L'invenzione strutturale

2.1. Data di composizione

Secondo una tradizione riferita dal Boccaccio nel cosiddetto *Trattatello in laude di Dante*, i primi sette canti dell'*Inferno* sarebbero stati composti da Dante ancora a Firenze, prima dell'esilio (ma, in verità, proprio nel VI canto Ciacco recita la "profezia" della rovina dei Bianchi nel 1301-1302). Benché si sappia, dalla conclusione della *Vita nova*, che Dante ebbe molto presto l'idea di scrivere un'opera straordinaria in lode di Beatrice, non è stata ancora reperita alcuna prova sicura che permetta di collocare l'inizio effettivo del lavoro sul poema in anni anteriori al 1307 (interruzione del *Convivio* e del *De vulgari eloquentia*). Anche se episodi o canti isolati poterono esser letti in anteprima da amici e corrispondenti, l'*Inferno* rimase disponibile a correzioni e interventi almeno fino all'aprile del 1314 (morte del papa Clemente V, "profetizzata" in *If* 19, 78-87). Il *Purgatorio* conterrebbe un'allusione – sempre sotto forma profetica – alla battaglia di Montecatini, 29 agosto 1315, in cui il ghibellino Uguccione della Faggiuola inflisse a Firenze una dura sconfitta (*Pg* 23, 109-111).

Quanto al *Paradiso*, che l'autore destinava a più scelti lettori («Voialtri pochi che drizzaste il collo / per tempo al pan delli angeli...», *Pd* 2, 10-11), Boccaccio racconta che gli ultimi canti entrarono in circolazione soltanto dopo la morte di Dante, e in questo caso non ci sono elementi che lo smentiscano. Insomma, Dante lavorò al poema almeno per quindici anni; l'intensità sovrumana dell'impegno è appena accennata nei famosi versi di *Pd* 25, 1-3: «...[i]l poema sacro / al quale ha posto mano e cielo e terra, / sì che m'ha fatto per molti anni macro».

2.2. "Titolo" e genere

Il poema dantesco fu subito noto come "la *Comedìa*" (o *Commedìa* o *Commèdia*, nell'oscillazione fra pronuncia latina grecizzante e pronuncia toscana). Francesco da Barberino, nel 1314 inoltrato, menziona un'opera di Dante Alighieri «quod dicitur *Comedia*». Nella *Monarchia*

I 12,6, l'autore si cita in questo modo: «sicut in Paradiso *Comedie* iam dixi». "Divina Commedia" è una formula boccacciana, che fu utilizzata come titolo a partire dal 1555.

Diversamente che per le sue altre opere, per il poema Dante scelse, come titolo generale, il sostantivo indicante il "genere" ovvero, per metonimia, lo "stile" dell'opera. In *If* 20, 113 e 21, 2, egli trova il modo di confrontare e opporre «l'alta [...] tragedìa» di Virgilio, cioè l'*Eneide*, alla «*sua* comedìa». Il problema è capire in che senso *Eneide* e "Danteide" si differenzino l'una dall'altra come «tragedìa» e «comedìa»; non possiamo infatti ricorrere, senza cautele, né alle definizioni del *De vulgari eloquentia*, formulate per la poesia lirica, né a quelle dell'*Epistola a Cangrande* (la cui parte dottrinale è ritenuta apocrifa da alcuni studiosi). Secondo i grammatici medievali – che avevano smarrito ogni nozione realistica del dramma antico –, commedia e tragedia sono due tipi di narrazione in versi: «comedia humili stilo describitur, tragedia alto» (la commedia è scritta in stile umile, la tragedia in stile elevato; Uguccione da Pisa, *Derivationes*, voce *oda*). Nell'*Epistola a Cangrande* il poema è detto «comedìa» – oltre che per l'andamento della trama, dall'orrore alla letizia – per il *modus loquendi* «remissus et humilis, quia locutio vulgaris in qua et muliercule comunicant» (dimesso e umile, perché è lingua volgare, quella in cui si esprimono anche le femminette). Nella corrispondenza poetica con l'umanista Giovanni del Virgilio (ca. 1320), Dante usa l'espressione *comica verba* con il significato di "lingua volgare". È tuttavia probabile che, definendo «commedia» l'opera sua, l'autore volesse alludere non solo all'uso del volgare, ma più largamente al grado stilistico, all'insieme delle risorse letterarie impiegate: la lingua, in primo luogo, ma anche i personaggi, gli oggetti, gli ambienti rappresentati; e che soprattutto volesse segnare una demarcazione dal modo «tragico». Il poema esemplare dello stile più elevato era, per comune ammissione, l'*Eneide*: scritto nella più pura e intangibile «grammatica», di espressione costantemente ricercata, nobile e seria, aveva per protagonista un re, fondatore del più grande impero. Rispetto ad essa, la *Commedia* è scritta non in latino, ma in volgare: e addirittura in un volgare fiorentino che, qualche anno prima, l'autore stesso avrebbe qualificato come «municipale» (cfr. *If* 20, 130: «Sì mi parlava, e andavamo *introcque*»; non è un caso che questo plebeismo preceda immediatamente la presentazione del poema quale *comedìa*). Non ha per protagonista un eroe severo e pieno di maestà, ma un uomo comune che non esita a mostrarsi, quando se ne dia il caso, come un bambino spaventato invocante l'amore della mamma (*Pg* 30, 44-45). Nessun personaggio, nessun oggetto (*If* 28, 26-27: «la curata pareva e 'l tristo sacco / che merda fa di quel che si trangugia»), nessun ambiente risulta tanto ignobile da non poter essere nominato e portato sulla scena. Non di rado, l'autore o i suoi personaggi si esprimono con acerbo sarcasmo, immagini esuberanti, precisi riferimenti alla cronaca minuta. E soprattutto questo elemento "comico" (sarebbe impossibile trovare un'altra denominazione) riesce a dare un'impronta inconfondibile all'espressione, anche quando la materia s'innalza e l'ornato si fa più prezioso (*If* 9, 91-99; *Pd* 17, 121-129):

«O cacciati del ciel, gente dispetta
[...]
Che giova nelle fata dar di cozzo?
Cerbero vostro, s'e' ben vi ricorda,
ne porta ancor pelato il mento e 'l gozzo».

La luce in che rideva il mio tesoro
ch'io trovai lì, si fé prima corusca
quale a raggio di sole specchio d'oro;
indi rispuose: «[...]
tutta tua vision fa manifesta;
e lascia pur grattar dov'è la rogna...»

La sostanza di questa scelta stilistica è tutta spirituale. Assunto come "soggetto" della sua opera la storia di un'anima cristiana, dalla coscienza del peccato alla purificazione interiore alla visione di Dio, Dante ha trovato il suo punto di riferimento (non diremmo il suo "modello") in una realizzazione molto speciale di stile "umile": la Sacra Scrittura, soprattutto profetica ed evangelica (letta da Dante nelle due versioni latine, la *Vetus* e la *Vulgata* di san Girolamo). «Lo stile umile è quello che si abbassa fino alla più usata consuetudine del linguaggio corretto (*puri sermonis*), come spesso vediamo nei Vangeli e nella Sacra Scrittura» (Bene da Firenze, *Candelabrum* I 6; sulla scia della *Rhetorica ad Herennium* IV 11). In concreto, l'etichetta copre un'amplissima gamma di soluzioni, dalle più candide e commoventi alle più aspre e realistiche: «...e intorno al vestire, perché siete in ansietà? Considerate come crescono i gigli del campo; essi non faticano e non filano» (Matteo 6,28);

«Giobbe si raschiava il marcio dell'ulcera con un pezzo di coccio, seduto nel letamaio...» (Giobbe 2,8).
Non di rado Dante ha modellato i suoi versi su precise citazioni scritturali per ottenere un riscontro contenutistico (ad esempio, *If* 23, 144: «elli [il diavolo] è bugiardo e padre di menzogna», da Giovanni 8,44: «mendax est, et pater *mendacii*») o un effetto di solenne semplicità (come in *If* 10, 25: «La tua loquela ti fa manifesto», di Farinata, da Matteo 26,73: «loquela tua manifestum te facit»). In questa chiave, tutti gli aspetti della realtà – dal più "basso" al più "alto" – possono essere messi a tema, e tutti i toni della poesia – dal più «chioccio» al più «dolce» – resi coerenti alla semplice grandezza della lode che la creatura rende al Creatore.

2.3. Modelli: la letteratura visionaria e l'*Eneide*

La *Commedia* narra la storia di un'anima, sotto la forma di un viaggio nei tre regni dell'Aldilà, «al divino dall'umano, / all'etterno dal tempo» (*Pd* 31, 37-38). Per il lettore medievale, ciò stabiliva una relazione evidente fra il poema e una cospicua tradizione di testi deputati al resoconto di visioni d'Oltretomba – testi cui si attribuiva in genere una certa validità, almeno di ordine morale. Il più famoso di tali resoconti è la cosiddetta *Visio Pauli* (la versione latina risale al V secolo d.C.), che dà svolgimento narrativo al *raptus* in cielo cui accenna la seconda lettera dell'Apostolo ai Corinzi.

Secondo la *Visio*, Paolo viene condotto da un angelo al «terzo cielo»; oltrepassa la porta aurea del Paradiso e incontra Enoc ed Elia. Viene poi guidato nella Terra promessa al regno messianico (cfr. PAR. 3.5) e, sulle sponde del lago Acherusa (che svolge funzioni di Purgatorio), accede alla Città di Cristo, dove incontra i santi e i profeti. Segue la visita all'Inferno, sito al di là dell'Oceano; qui si trovano prima coloro che non furono né giusti né empi, poi numerose schiere di peccatori sottoposti a diverse pene (usurai divorati da vermi, adulteri nel fuoco, golosi tormentati dalla sete, sodomiti che corrono senza posa, eretici in un pozzo ecc.). Infine Paolo è ammesso nell'Eden, dove contempla Maria, preceduta da un corteo di angeli e seguita da patriarchi e profeti.

Risulta probabile da parecchi riscontri che Dante abbia avuto presente una versione di questo racconto (come si è visto, in *If* 2, 28, rammenta il viaggio di Paolo «ad immortale secolo»). Fra i testi più recenti, si può ricordare la *Visione* di Alberico da Montecassino (XII secolo), anch'essa in prosa latina.

All'età di dieci anni, durante un sonno di nove giorni, Alberico "si vede" viaggiare per l'Aldilà sotto la guida di san Pietro; gli sono mostrate le pene infernali, distribuite a seconda dei diversi peccati (per esempio, i lussuriosi sono immersi in una valle ghiacciata che fa pensare al Cocìto dantesco), poi il Paradiso terrestre su un monte altissimo, quindi i sette cieli e il trono di Dio; infine Pietro dà ad Alberico insegnamenti relativi al Vecchio Testamento, gli rende noti «molti peccati degli uomini viventi» e gli ordina di riferire quel che ha udito – cosa che avviene per mezzo di involute allegorie.

Certi paralleli con la *Commedia* sono innegabili, ma vanno riferiti alla comune tradizione e impostazione piuttosto che a una filiazione diretta. (Lo stesso dovrà dirsi, con qualche margine di dubbio, per le coincidenze tra il poema dantesco e un testo arabo-spagnolo sul viaggio di Maometto in Paradiso e in Inferno, il *Libro della scala*.)

Nessun rapporto concreto si può stabilire fra la *Commedia* e la letteratura clericale-didattica in volgare sulle pene dell'Inferno e i premi del Paradiso, che appare diffusa soprattutto in area settentrionale (Giacomino da Verona, *De Ierusalem celesti* e *De Babylonia infernali*; Bonvesin da la Riva, *Libro delle tre scritture*).

Dante presenta sé stesso come il primo fra i «moderni» cui Dio abbia concesso di visitare la sua «corte» (*Pg* 16, 42). E il solo vero "modello" letterario del suo viaggio è la discesa di Enea agli Inferi, per incontrarvi l'ombra del padre Anchise, narrata da Virgilio nel VI libro dell'*Eneide*. Il personaggio D. (come forse lo stesso Dante-autore) considera il *descensus* di Enea come un evento reale, voluto da Dio per favorire la fondazione dell'Impero romano (*If* 2, 13-27) – un evento cui la visionaria fantasia virgiliana ha dato forme immaginose.

Secondo questo racconto, attraverso un'apertura sita nei dintorni di Cuma, Enea scende sotto terra guidato dalla Sibilla; nel vestibolo del regno dei morti, incontra esseri mostruosi, fra cui Gerione, i Centauri e le Arpìe; sulla barca di Caronte varca le acque di Stige (denominazione che, in modo non chiaro, comprende anche Acheronte e Cocìto); supera il guardiano Cerbero. Scorge le ombre di coloro che morirono prima del termine naturale, ripartite a giudizio di Minosse in sedi diverse: nei Campi del pianto, incontra fra i morti per amore l'ombra di Didone; fra gli eroi, l'amico Deifobo. Vede una città murata, circondata dal Flegetonte; la Sibilla narra che lì, nell'abisso del Tartaro, sono tormentati per l'eternità i peggiori colpevoli (tra cui Flegias). Enea e la sua guida passano poi nella sede luminosa degli spiriti beati, dove si trova Anchise. Alle acque del Lete, che producono oblio, si dissetano le anime che, dopo una purificazione di mille anni, sono destinate a reincarnarsi: fra loro, Anchise indica profeticamente i suoi discendenti, fino ad Augusto, e gli altri eroi di Roma. Ricevuta la solenne conferma del suo destino, Enea esce per la porta dei sogni fallaci e torna alle navi.

Anche un brevissimo riassunto, come quello che si è fornito, mette in luce le macroscopiche corrispondenze fra i due poemi: si può ben dire che l'Inferno di Dante, nella sua "pianta" e per molte situazioni e figure caratteristiche, sia una rielaborazione di quello virgiliano; che i Campi Elisi siano stati ricreati da Dante in parte nel Limbo e in parte nell'Eden (secondo Servio, antico commentatore di Virgilio ben noto a Dante, i Campi Elisi si trovano nel cielo della Luna); che l'incontro fra Enea e Anchise sia il modello dell'incontro fra il personaggio Dante e Cacciaguida, episodio in cui culmina la rivelazione del destino personale del protagonista.

2.4. L'Aldilà dantesco

Dante rappresenta l'Inferno come una voragine conica, il cui vertice tocca il centro della Terra (che questa fosse la sede più confacente a Satana era ipotesi di alcuni teologi, fra cui Guglielmo d'Alvernia, nel *De universo*). La voragine è contornata da gradoni circolari, così da formare un gigantesco anfiteatro. Subito oltre la porta (localizzabile nelle vicinanze di Gerusalemme, centro della Terra abitata), la pianura dell'Antinferno è sede dei pusillanimi che non scelsero fra il bene e il male. Il primo fiume infernale è l'Acheronte, di là dal quale si trova il primo cerchio, o Limbo, che ospita gli innocenti non battezzati. Il sistema dei peccati e delle pene è concepito da Dante sulla base dell'*Etica* di Aristotele (1145a 15), che indica tre cattive "disposizioni" morali: malizia (*kakìa*), incontinenza (*akrasìa*), bestialità (*theriòtes*). Nei cerchi dal secondo al quinto – dati in custodia a personaggi o mostri della mitologia classica, trasformati in demoni, come Minosse, Cerbero, Pluto e Flegiàs – sono puniti coloro che peccarono per l'incapacità di contenere l'appetito dei sensi: lussuriosi, golosi, avari (con i rei del peccato formalmente opposto, la prodigalità), iracondi (con gli accidiosi). Questi ultimi sono immersi in una palude, lo Stige, sulla cui riva interna si alzano le mura della città «c'ha nome Dite», il basso Inferno, prigione delle «anime più nere» e degli angeli caduti mutati in diavoli. Subito dentro la città, nel sesto cerchio, sono gli eretici, i quali, secondo la plausibile lettura di Boccaccio, sono posti da Dante sotto il segno della «bestialità». Quanto alla «malizia», essa si attua per mezzo della violenza e della frode (*If* 11, 22-24). Il settimo cerchio, che tormenta appunto i violenti, include il Flegetonte, un fiume di sangue bollente (in effetti, i fiumi infernali sono segmenti di un unico corso, che si genera dalle lacrime del Vèglio di Creta: cfr. PAR. 3.1.2). Di là da un profondo scoscendimento, l'ottavo cerchio detiene gli ingannatori (di vittime che non si fidavano), divisi in dieci fosse concentriche («bolge»). Il nono cerchio, quello dei traditori, è un pozzo, sul fondo del quale stagnano ghiacciate le acque del fiume Cocìto. Posto al centro del globo, Lucifero ha la testa (con tre facce) e il busto nell'emisfero settentrionale, le gambe nell'emisfero meridionale. Lungo un ruscello sotterraneo, la prigione di Lucifero comunica con la montagna dell'Eden, sita agli antipodi di Gerusalemme e interamente circondata dall'Oceano (Dante sviluppa con originalità le varie dottrine medievali circa la localizzazione e la fisionomia del Paradiso terrestre; di come la montagna si sia formata, Virgilio dà in *If* 34, 121-126 una ragione, che è almeno parzialmente contraddetta dalla rivelazione di Beatrice in *Pd* 29, 49-51). Sulla sua cima, dai giorni della creazione, è il Paradiso terrestre. Da quando Cristo riconciliò l'umanità con Dio, le pendici sono sede del Purgatorio. Sembra che tale collocazione del «secondo regno» (non eterno, come gli altri due, ma destinato a svuotarsi nel giorno del Giudizio) sia un'idea originale di Dante. L'ordine delle pene purgatoriali è diverso da quello delle infernali, perché è riferito ai vizi capitali della morale cristiana, aggruppati scolasticamente come deviazioni dell'amore naturale; inoltre, mentre l'anima dannata è punita nel luogo confacente al più grave dei suoi peccati, l'anima che si purga soggiorna, per il tempo necessario, in ciascuno dei gironi corrispondenti ai peccati commessi. Secondo l'immaginazione dantesca, le anime salve si affollano da tutto il mondo alla foce del Tevere; quindi un angelo le conduce fino alla spiaggia della montagna edenica, dove sono accolte da Catone. Nelle balze del cosiddetto Antipurgatorio, i morti scomunicati e gli spiriti negligenti attendono tempi variamente determinati, prima di iniziare l'ascesa. Alla vera e propria porta del Purgatorio è addetto un angelo guardiano, vicario di san Pietro. Oltre di essa, il monte è cerchiato da sette cornici o gironi, vigilati ciascuno da un angelo; dapprima si purificano la superbia, l'invidia e l'ira (nelle quali l'amore pecca in quanto si rivolge a ciò che non deve essere amato: il male altrui); tocca poi all'accidia, in cui l'amore pecca per mancanza di forza; infine, si purgano l'avarizia (unita alla prodigalità), la gola e la lussuria – nelle quali l'amore pecca per eccesso di forza rispetto alla natura del bene perseguito. Dante immagina che le anime purificate ascendano all'Eden; qui bevono dai fiumi Lete (le cui acque cancellano il ricordo affligente delle colpe) ed Eunoè (che ha invece il potere di ravvivare la memoria del bene). A questo punto, esse sono «disposte a salire alle stelle».

Per Dante, gli spiriti beati contemplano e amano Dio in una dimensione ontologica posta al di là dello spazio e del tempo: l'Empireo, che poeticamente può essere immaginato come una sfera avvolgente il sistema fisico dei cieli, ma in realtà «non è in loco e non s'impola [non ha poli]» (*Pd* 22, 67). Ogni beato è perfettamente soddisfatto nella propria capacità di godere la presenza di Dio; la misura di tale capacità dipende a sua volta dalla grazia che Dio ha concesso a ciascuno. In effetti, per conferire anche alla terza cantica la dinamica di un viaggio, Dante finge – come si è detto – che diverse schiere di anime sante gli si offrano in visione in ciascuna delle sfere celesti costituenti il cosmo geocentrico descritto da Tolomeo. Al moto delle sfere sono preposti i cori angelici, in questo ordine: Angeli (Luna), Arcangeli (Mercurio), Principati (Venere), Potestà (Sole), Virtù (Marte), Dominazioni (Giove), Troni (Saturno), Cherubini (Stellato), Serafini (Primo Mobile). La struttura dell'Aldilà dantesco mostra un'evidente ricerca di simmetria: sul numero dei cieli è rifatto quello dei cerchi infernali (lo Stige virgiliano circonda nove volte gli Inferi), e anche le zone del secondo regno possono essere portate a nove, se alle sette cornici si aggiungono l'Antipurgatorio e l'Eden.

2.5. Antichi e moderni

Il rapporto fra *Eneide* e *Commedia* non si esaurisce nelle corrispondenze narrative. La scelta di Virgilio come guida per l'Inferno e il Purgatorio, come «duca» e addirittura come «padre», è la migliore rappresentazione di un discepolato spirituale e poetico vissuto con un'intensità umana che non ha termini di paragone nella storia della letteratura mondiale. Dante concepiva la *Commedia* come l'*Eneide* dei tempi «moderni», «poema sacro» (*Pd* 25, 1) come «sacro» era stato definito il poema romano (Macrobio, *Saturnalia* I 24, 13). A Dante, come a ogni lettore dalla tarda antichità in avanti, l'epos di Virgilio, Lucano e Stazio si presentava come un complesso di invenzione letteraria, racconto storico e sapienza filosofico-religiosa. Imitarlo voleva dire ripetere tale complessità. Inoltre, a rendere più suggestivo il parallelo, c'era l'occasione provvidenziale cui l'*Eneide* appariva indissolubilmente legata: Virgilio aveva cantato il mondo nella perfezione della felicità naturale, alla vigilia della Redenzione; la *Commedia* avrebbe annunciato, a un mondo dominato dal male, il riscatto ormai vicino. Sembra plausibile che Dante assimilasse il suo rapporto con Virgilio a quello che – indirettamente – sapeva essere stato il rapporto di Virgilio con Omero, «quel greco / che le Muse lattar più ch'altro mai» (*Pg* 22, 102). Nella prefazione al suo commento all'*Eneide*, Servio scrive appunto: «Intentio Vergilii haec est, Homerum imitari»; e a proposito del VI libro: «ex Homero pars maior est». Si potrebbero citare moltissimi casi di immagini o versi danteschi tratti *ex Vergilio*. Quando, in terra d'Epiro, Enea incontra Andromaca, l'infelice vedova di Ettore, questa si smarrisce, non sapendo se abbia dinanzi un vivo o un'ombra, e fra le lacrime chiede: «vivisne? aut, *si lux alma* recessit, / *Hector ubi est?*» (III 311-312). Trasferite dal dolore coniugale a quello paterno, sono le parole di Cavalcante a D.: «*Se* per questo cieco / carcere vai per altezza d'ingegno, / *mio figlio ov'è?*» (anche *carcere caeco* è virgiliano, *Eneide* VI 734, nel senso di "corpo" come prigione dell'anima: evidente il contatto tematico con *If* 10). E poi: «...non viv'elli ancora? / non fiere li occhi suoi *lo dolce lume?*» (*If* 10, 58-69: citazione che certo anche incrementa la sovrapposizione simbolica fra i due *pii* viaggiatori oltremondani Enea e D.). In uno dei momenti di più alta tensione nell'intero poema, Ugolino fa suo un verso di Enea: «Tu vuo' ch'io rinovelli / disperato dolor che 'l cor mi preme» (*If* 33, 4-5); «Infandum, regina, iubes renovare dolorem» (*Eneide* II 3; il successivo v. 10: «Sed *si tantus amor* casus *cognoscere* nostros» era già stato riusato da Francesca in *If* 5, 124-125: «Ma *s'a conoscer* la prima radice / del nostro amor tu hai *cotanto affetto*»). Quando nell'Eden D. rivede Beatrice, dopo dieci anni di distacco, si volge a Virgilio per dirgli: «Men che dramma / di sangue m'è rimaso che non tremi: / *conosco i segni del'antica fiamma*» (*Pg* 30, 46-48). Sono parole di Didone, accortasi di risentire, per Enea, la passione d'amore che credeva spenta con la morte del marito Sicheo: «Adgnosco veteris vestigia flammae» (IV 23). In questo caso la traduzione è miracolosamente letterale (e le parole di Virgilio formano già un endecasillabo), ma il pathos è ben diverso, dalla vertigine sensuale (che Didone, in quel momento, vorrebbe respingere da sé) a una purissima dedizione dell'anima.

Questa gara (*aemulatio*) di ricreazioni e variazioni non può, d'altro canto, concludersi con un rovesciamento dei valori estetici. Ecco un punto critico della "coscienza letteraria" dantesca. Il magistero degli "antichi", greci (per quanto incogniti) e latini, resta il fondamento infrangibile dell'arte poetica "moderna". Gli antichi dei e le Muse restano il simbolo dell'ispirazione poetica: «Minerva spira e conducemi Apollo, / e nove Muse mi dimostran l'Orse» (*Pd* 2, 8-9). E tuttavia il corso della "storia" dell'arte, che necessariamente discende dai maestri agli alunni, non coincide con quello della "storia" dello spirito umano, che invece ascende dall'oscurità del paganesimo alla luce dei tempi cristiani (cfr. Petrarca, *De otio religioso*, II, trad. B. Aracri: «O grandi filosofi, da cui siamo stati vinti per ingegno, vi abbiamo vinti per grazia»). Il poeta moderno, l'alunno, ha dunque una visione del vero incomparabilmente superiore a quella dei maestri, e dovrà affrontare la descrizione del Paradiso celeste senza potersi giovare di alcun modello classico. Sono evanescenti le tracce di un'eventuale lettura, da parte di Dante, del *Somnium Scipionis* ciceroniano. Persino Stazio, il grande poeta latino che Dante crede convertito al cristianesimo e perciò salva, osservò la fede in segreto e non la espresse nei suoi versi (*Pg* 22, 88-91). All'inizio del *Paradiso*, Dante proclama solennemente l'eccezionalità e la novità della sua impresa: «L'acqua ch'io prendo già mai non si corse» (2, 7); e con questo svaluta anche l'influenza di eventuali, o anche plausibili, precedenti mediolatini, come il poema epico-allegorico *Anticlaudianus* (1182-83) di Alano da Lille.

2.6. L'"io" cristiano

Lo spostamento strategico che Dante compie rispetto al modello *Eneide* (e ai modelli complementari: la *Farsaglia* di Lucano e la *Tebaide* di Stazio) consiste nella narrazione in prima persona. Questa non sarebbe una novità nella tradizione dei poemi allegorico-didattici della seconda metà del Duecento. Dopo un breve proemio, il *Roman de la Rose* comincia così:

> Au vuintieme an de mon aage,
> ou point qu'Amors prent le peage
> des joenes genz, couchier m'aloie
> une nuit si com je soloie,
> et me dormoie mout forment.
> Si vi un songe en mon dormant...
> [Nel ventesimo anno d'età, / nel punto in cui Amore chiede pedaggio / ai giovani, andai a coricarmi / una notte, come al solito; / e dormivo profondamente: / dormendo ebbi un sogno...]

I riflessi di questo attacco sull'*incipit* della *Commedia* sono evidenti; d'altra parte, l'*io* del *Roman* di Guillaume è ancora in sostanza un *io* universale-lirico, è «l'Amante». Maggiore consistenza ha il narratore-autore di un altro poema certo presente all'invenzione dantesca: il *Tesoretto*. In questo caso, l'autore («io Brunetto Latino») innesta su una definita situazione biografica («E io presi campagna / e andai in Ispagna») la deviazione («pensando a capo chino, / perdei il gran cammino, / e tenni ala traversa / d'una selva diversa») da cui scaturisce un percorso didattico-allegorico («e vidi turba magna / di diversi animali» ecc.); ma in questa nuova dimensione l'identità del personaggio "che dice *io*", se non scompare del tutto, perde ogni rilievo. Solo con la *Commedia* il narratore-autore diventa anche personaggio protagonista a tutti gli effetti, e ogni accadimento si rappresenta come riflesso dallo stato d'animo di tale personaggio.

Ma i precedenti di questa scelta non vanno ricercati tanto nella tradizione del "genere", quanto nella storia letteraria dell'autore. L'*io* della *Commedia* non è altri, infatti, che l'*io* della *Vita nova*: un *io* di origine lirica, ma storicizzato e personalizzato nella prospettiva cristiana della prova e della salvezza. La storicizzazione dell'*io*, incipiente, nel libello giovanile, e concentrata sui nodi dell'amore e dell'amicizia, si compie nel poema con la messa in scena di un personaggio a tutto tondo in cui l'*io* biografico-empirico (insomma, il *Dante Alagherii* dei documenti) è pienamente riconoscibile. Ma si presti attenzione: riconoscibilità del Dante storico nel Dante-personaggio non equivale a identificazione positivistica del primo con il secondo. Étienne Gilson (1939, trad. it. p. 243) ha coniato una formula generale, valida anche per il personaggio protagonista: «un personaggio della Divina Commedia conserva della sua realtà storica solo quel che è richiesto dalla funzione rappresentativa assegnatagli». Per cogliere la logica dell'autobiografia dantesca (smarrimento nella selva delle passioni, intervento provvidenziale di Maria, percorso di redenzione), bisogna dunque tener presente l'"archetipo" dell'autobiografismo cristiano, le *Confessioni* di sant'Agostino. Il senso profondo dell'esistenza individuale è nel rapporto con Dio; la sua vicenda è un allontanarsi da Lui e un avvicinarGlisi. Il nesso fra storia dell'individuo e storia dell'umanità non è simbolico-esemplare, ma reale: Cristo ha patito per ogni singolo uomo e ogni singolo uomo è chiamato a convertirsi. La storia di tutti e di ciascuno ripete il cammino dell'antico Israele, dall'Egitto a Gerusalemme: «*In exitu Israel de Aegypto*, / cantavan tutti insieme ad una voce» [gli spiriti salvati] (*Pg* 2, 46-47); «però li [a D.] è conceduto che d'Egitto / vegna in Gerusalemme, per vedere, / anzi che 'l militar li sia prescritto» (*Pd* 25, 55-57). Le *Confessioni* narrano uno sviamento e una conversione, che appartengono realmente all'individuo Agostino come appartengono realmente al genere umano e singolarmente a ognuno. La dimensione personale autobiografica della *Commedia* è appunto, in coerenza con quell'"archetipo", la storia di uno sviamento e di una conversione, di un «essilio» (*Pd* 17, 57) e di uno (sperato) ritorno in patria (*Pd* 25, 4-9), che appartengono singolarmente a Dante e realmente al genere umano *totaliter acceptum*. E il racconto degli eventi è ritmato dal significato ultimo, non dalla cronologia empirica.

2.7. Simbolismo numerico e architettura del poema

L'*Eneide* è una narrazione in metro eroico (esametro), divisa in dodici libri di notevole ampiezza, fra i 705 versi del libro IV e i 952 del XII (in totale 9.896 versi; il dato è riferito alle edizioni odierne). Il contenuto permette di distinguere una prima esade (i viaggi, notoriamente esemplati sull'*Odissea*) da una seconda (la guerra, sul modello dell'*Iliade*; lo dichiara il già citato commento di Servio). In mancanza di ogni precedente epico in italiano, a Dante si ponevano due problemi: la scelta del verso, con cui emulare la grandiosità narrativa dell'esametro, e l'ar-

chitettura del poema. Per il verso, gli si offriva immediatamente l'esempio del settenario accoppiato, usato dal Latini nel *Tesoretto*, sulla scia del metro narrativo francese (ottosillabo rimato a coppie); possiamo immaginare che quella soluzione sembrasse a Dante di respiro ritmico troppo corto, obbligato e ripetitivo. La scelta cadde sul verso più ampio e più vario della tradizione italiana, cioè l'endecasillabo (esso è, in media, meno capiente di un esametro, ma l'arte di Dante nello sfruttarne la misura è somma: «non siate come penna ad ogne vento», *Pd* 5, 74; «Apri alla verità che viene il petto», *Pg* 25, 67; «Contra miglior voler voler mal pugna», *Pg* 20, 1; «Questi ti sia or primo, e io secondo», *If* 12,114; «d'entro le leggi trassi il troppo e 'l vano», *Pd* 6, 12 ecc.).
Restava da trovare la forma in cui legarlo. Dante si rifece a uno schema di livello medio-basso, in questo senso di pertinenza "comica", il cosiddetto *sermontesius caudatus*, erede dell'ode saffica molto usata nella poesia politica mediolatina; particolarmente interessante è la forma utilizzata in una narrazione di cronaca municipale duecentesca, il *Serventese dei Lambertazzi e dei Geremei*: la strofa si compone di tre endecasillabi (rimati o assonanzati AAA) e un versicolo la cui rima anticipa quella della terzina successiva. Prendiamo come esempio due strofe estratte da un elenco di famiglie bolognesi (vv. 233-240); si fanno seguire per confronto due terzine (*Pd* 16, 88-93), nel cui andamento ancora si percepisce un'eco dell'umile antecedente:

Malavolti, Dalfini e Ghisileri,
quii da Monçoni, Triagi e Boateri,
quii da Sala, Graydani e Bazaleri
e Liaçari,
Preti, Piastelli cum li Beccari,
quii da Riosti, Scappi e Furlani,
quii da Bagno, Sayguini e Bocadecani
cum i Baldoini...

Io vidi li Ughi e vidi i Catellini,
Filippi, Greci, Ormanni e Alberichi,
già nel calare, illustri cittadini;
e vidi così grandi come antichi,
con quel dela Sannella, quel dell'Arca,
e Soldanieri e Ardinghi e Bostichi.

Dante ha eliminato il versicolo e attribuito al secondo endecasillabo della terzina la funzione di anticipare la rima della terzina successiva: ABA, BCB, CDC ecc. fino a YZYZ. (E non trascuriamo la possibile influenza delle terzine di sonetto in quanto componenti di un poema narrativo – in concreto, il *Fiore*: ... CDC DCD... ecc.).

Quanto all'architettura del poema, il passaggio dalla bipartizione virgiliana (viaggi e guerra) alla tripartizione (Inferno, Purgatorio e Paradiso) è naturalmente dettato dalla materia narrata; ma in luogo di una divisione puramente obiettiva e contenutistica, Dante fissa un'articolazione strutturale in tre «canzoni» (*If* 20, 3) o «cantiche» (*Pg* 33, 140), collegate dall'epifora di *stelle* (parola-rima in *If* 34, 139; *Pg* 33, 145; *Pd* 33, 145). Le cantiche hanno un'estensione pressoché uguale: 4.720, 4.755 e 4.758 versi (per un totale di 14.233); a tale cura delle proporzioni alludono i versi conclusivi del *Purgatorio*: «ma perché piene son tutte le carte / ordite a questa cantica seconda, / non mi lascia più ir lo fren dell'arte». All'istinto creativo del poeta deve poi essere ascritta la riduzione del «libro» virgiliano al «canto» (*If* 20, 2), di misura variante fra i 115 e i 160 versi. Di fatto, le più lunghe canzoni di Dante contano 158 (*Doglia mi reca*), 146 (*Le dolci rime*) e 133 versi (*Poscia ch'amor*), ed è probabile che all'orecchio del poeta una sequenza di strofe, tali essendo in ultima analisi le terzine, non potesse distendersi troppo di più. È del tutto evidente, per altro, che il numero dei canti (33 per ognuna delle tre cantiche, con l'aggiunta di un canto introduttivo all'*Inferno*) risponde a un'intenzione simbolica, consegnata anche alle strofe di tre versi (e, ovviamente, di 33 sillabe). Come già si legge nella *Vita nova*, «tre [è] Padre e Figlio e Spirito Santo» (29, 3); l'architettura triadica del poema simboleggerà dunque l'onnipresenza di Dio creatore. Mentre il cento – numero complessivo dei canti – rappresenterà la perfezione del Creato, conformemente a un suggerimento che ricorre nell'esegesi biblica (per esempio in Gregorio Magno, *Homilia* VI *in Hiezechihelem* II 16: «per centenarium numerum perfectio designatur»). L'ordine della poesia è un riflesso dell'ordine universale, che a sua volta «a Dio [è] simigliante» (*Pd* 1, 105).

3. Storia e profezia

3.1. Senso letterale e senso mistico

La polisemia (pluralità di significati) del poema dantesco può essere ancora riportata alla duplicità di senso letterale e senso "allegorico", o "mistico", purché la cosa si intenda in modo molto diverso da quanto avveniva nelle canzoni "allegoriche" del *Convivio*.

3.1.1. Dinamica della lettera Nella *Commedia*, anzitutto, il senso letterale ha una calcolata costituzione "dinamica", caratterizzata dal ritorno dei temi (spesso rappresentati con parole chiave) e dal chiarimento a distanza. Dante ha tradotto in strutture testuali d'autore la norma fondativa dell'esegesi biblica medievale: la ricerca, nel testo sacro, di episodi paralleli, il più antico dei quali "prefigura" il più recente, mentre questo "adempie" quello. Il passaggio del Mar Rosso – come spiega Dante stesso nel *Convivio* (II I 7) – prefigura la salvezza dell'umanità in Cristo, e la venuta di Cristo adempie la potenzialità salvifica dell'uscita di Israele dall'Egitto. L'ordine del testo biblico rispecchia una concatenazione storica provvidenzialmente voluta da Dio. In un certo senso, quindi, il "poema sacro" imita l'opera divina (Singleton, 1957), allorché costruisce l'ordine narrativo secondo i modi della ripetizione e dell'antitesi.

Così – per dare solo alcuni esempi – il tema dell'amore, esposto dapprima nel V dell'*Inferno*, trova il suo compimento nel discorso di Virgilio nel XVIII del *Purgatorio* (cfr. PARR. 4.5 e 5.3); la norma di Francesca («Amor [...] a nullo amato amar perdona») è riscritta dal «dottore» in *Pg* 22, 10-11: «Amore, / *acceso di virtù*, sempre altro accese». Il motivo "politico" si sviluppa secondo una linea ascendente, imperniata sul canto sesto di ogni cantica (cfr. PARR. 3.3 e 3.4). Il tema della virtù mondana e dell'orgoglio, posto nel IV e nel XV dell'*Inferno* («m'insegnavate come l'uom s'etterna», «sieti raccomandato il mio Tesoro, / nel qual io vivo ancora...»), si completa nell'episodio dei superbi nei canti XI-XII del *Purgatorio*: «Non è il mondan romore altro ch'un fiato / di vento, ch'or vien quinci e or vien quindi».

Il controtipo di Pietro delle Vigne, suicida per «disdegnoso gusto»

(*If* 13, 70; cfr. PAR. 5.5), è Romeo (*Pd* 6, 127-142), che affrontò l'ingiustizia e l'esilio con l'umile coraggio dei forti («Indi partissi povero e vetusto; / e se 'l mondo sapesse il cor ch'elli ebbe / mendicando sua vita a frusto a frusto, / assai lo loda, e più lo loderebbe»). L'antitesi tra il viaggio di Ulisse e quello di Dante è sottolineata dal richiamo di *If* 26, 125 («de' remi facemmo *ali al folle volo*») in *Pd* 15, 54: «...colei / ch'all'*alto volo* ti vestì *le piume*». Alla «orazion picciola» dell'eroe greco risponde per certi aspetti il monito di Virgilio: «State contenti, umana gente, al quia» (*Pg* 3, 37). Altri motivi profondi sono rappresentati da sistemi metaforici che abbracciano l'intero poema: la navigazione, come immagine dell'esistenza, perigliosa ma – se Dio lo concede – destinata a un porto tranquillo (*If* 1, 22 ss.: «E come quei che con lena affannata, / uscito fuor del pelago alla riva, / si volge all'acqua perigliosa e guata»), e dell'opera stessa (*Pg* 1, 1 ss.: «Per correr miglior acqua alza le vele / omai la navicella del mio ingegno, / che lascia dietro a sé mar sì crudele»; *Pd* 2, 1 ss.: «O voi che siete in piccioletta barca, / desiderosi d'ascoltar, seguiti / dietro al mio legno che cantando varca»); la falconeria, come immagine dell'elevazione morale, o del suo contrario (*If* 17, 127: «Come 'l falcon ch'è stato assai su l'ali [...] discende lasso...», qui il paragone è tra Gerione e il falcone «fello»; *Pg* 19, 64 ss.: «Quale 'l falcon, che [...] si protende / per lo disio del pasto...»; *Pd* 19, 34 ss.: «Quasi falcon ch'uscendo dal cappello [cappuccio] [...] voglia mostrando...», è l'Aquila degli spiriti giusti); il mangiare, come immagine del conoscere (*Pg* 31, 128-129: «l'anima mia gustava di quel cibo / che, saziando di sé, di sé asseta»; *Pd* 10, 25: «Messo t'ho innanzi: omai per te ti ciba») ecc.

3.1.2. L'allegoria Quanto al senso allegorico, nel poema il rapporto tra figura e figurato non è d'ordine convenzionale e arbitrario (Donna = Filosofia ecc.), ma è stabilito sul piano della realtà narrativa: D. *è* un membro dell'umanità «che mal vive», Virgilio *è* un eroe della ragione, Beatrice *è* una santa. È raro che la funzione allegorica ecceda la determinatezza del personaggio, e in questo modo si riveli. Ciò avviene chiaramente, per esempio, in *Pg* 32, 95 e 122, dove Beatrice "recita" la parte della verità rivelata, quando siede «come guardia lasciata [...] del plaustro [carro trionfale, immagine della Chiesa] / che legar vidi alla biforme fera [il grifone, che rappresenta Cristo]»; e quando scaccia la volpe (l'eresia) «riprendendo lei di laide colpe». Anche la sconfitta di Virgilio, nel IX dell'*Inferno*, dinanzi alle porte di Dite, non sarebbe ben spiegabile se il maestro latino non rappresentasse qui, insieme, una cultura (il paganesimo) e una facoltà (la ragione naturale) insufficienti, per sé sole, a trionfare del male.

Impiantati sull'allegoria fondamentale, anche taluni episodi hanno sicuramente un proprio significato "spirituale", o "mistico", che sta al di là del «velo» letterale; e Dante ce ne avverte con espressioni appropriate: «O voi ch'avete li 'ntelletti sani, / mirate la dottrina che s'asconde / sotto 'l velame delli versi strani» (*If* 9, 61-63; riferito alla minaccia di Medusa, forse immagine della disperazione che impietrirebbe l'animo umano); «Aguzza qui, lettor, ben li occhi al vero, / che 'l velo è ora ben tanto sottile, / certo che 'l trapassar dentro è leggero» (*Pg* 8, 19-21; riferito allo scontro nella valletta dei prìncipi fra gli angeli e il serpente, immagine della tentazione). Si collocano sul medesimo piano anche i tre sogni del *Purgatorio*: l'aquila d'oro del IX canto (la grazia divina), la femmina balbuziente del XIX canto (i beni mondani), Lia nel XXVII canto (la vita attiva).

Altrove Dante ricorre a complesse figurazioni, di tenore evidentemente simbolistico, per disegnare profili storici: così la statua piangente del Vèglio di Creta (*If* 14, 103-120), fatta con parti d'oro, d'argento, di rame, di ferro e di terracotta, dovrebbe rappresentare la storia declinante dell'umanità dall'età dell'oro all'età presente, secondo la prospettiva classica; e le vicende del Carro, nel XXXII del *Purgatorio*, certo figurano la storia della Chiesa, dalla sua fondazione al papato di Clemente V.

Dato il vigore di questa componente nella cultura letteraria del poeta, non si può quindi escludere che anche qualche altro momento della narrazione (e, in linea teorica, ogni momento della narrazione) sia portatore di un soprasenso. È ben plausibile, dunque, che vari particolari della situazione e dell'azione, come i sette cerchi di mura del nobile castello o come le tre facce di Lucifero, o come il volgersi «alla man destra» di Virgilio dopo l'ingresso nel basso Inferno (*If* 9, 132), siano rilevati da Dante per questa ragione; del resto, tutta la meticolosa organizzazione liturgica del passaggio purgatoriale è, di per sé, allusiva ai contenuti e alle fasi di un processo ascetico. Ma la ricerca virtuosistica o maniacale del senso mistico, quando si spinga al di là degli elementi fondamentali e meglio riconoscibili, per un verso è condannata a restare priva di ogni verifica obiettiva (donde il moltiplicarsi delle interpretazioni e delle proposte, sia nell'esegesi antica che in quella otto-novecentesca fino al Pascoli e al Valli); per l'altro, si risolve in un nulla di fatto, dal momento che i valori, non solo estetici, ma intellettuali e morali della *Commedia* sono tutti pertinenti al senso letterale. Niente di veramente importante può esserci, nel soprasenso del poema, che non sia già assicurato e dichiarato dal senso letterale. All'esegesi della *Commedia* si può trasferire – non credo per caso – quel che scrive Tommaso (*Summa Theologica* I 10) in materia di esegesi biblica: «nihil sub spirituali sensu continetur fidei necessarium, quod Scriptura per litteralem sensum alicubi manifeste non tradat» (nel significato mistico non è contenuto niente di necessario alla fede, che la Scrittura non notifichi in qualche luogo per mezzo del significato letterale).

3.2. *Visio* e *fictio*

La questione dell'allegorismo si lega strettamente con l'altra, cruciale, dello statuto attribuibile alla "visione" dantesca. La finzione narrativa (*fictio*) ci dice che D., come Enea, viaggia per l'Inferno e per il Purgatorio con il corpo «corruttibile [...] e [...] sensibilmente» (*If* 2, 14-15). Resta invece indecisa la condizione in cui è svolto il percorso celeste: «S'i' era sol di me quel che creasti / novellamente [se io ero solo spirito] [...] tu 'l sai che col tuo lume mi levasti» (*Pd* 1, 73-75); ma in questo caso, Dante è obbligato a tenere il suo personaggio nei limiti fissati dal precedente paolino («Scio hominem, sive in corpore sive extra corpus nescio, Deus scit, raptum usque ad tertium celum...», 2 Corinzi 12,3. So che un uomo fu rapito fino al terzo cielo, se in corpo o fuori del corpo non lo so: lo sa Dio). Di fatto, l'ascensione attraverso i cieli fisici è descritta come se il protagonista la compisse con il corpo; per la visione dell'Empireo, invece, san Bernardo usa un'espressione che nel linguaggio della mistica designa tipicamente il rapimento dello spirito: «Ma perché 'l tempo fugge che *t'assonna*...» (32, 139).

Tutto ciò attiene comunque, sia ben chiaro, alla finzione del racconto. Ma, nel caso della *Commedia*, l'antecedente della creazione poetica è una materia esclusivamente intellettuale e affettiva? Oppure è *anche* un'esperienza di tenore mistico, vale a dire un'esperienza mentale vissuta come autentico e straordinario contatto con il divino? Per la religiosità e la psicologia dell'età di Dante l'interrogativo non è affatto ozioso; sembra anzi determinante per la definizione dell'attesa nei riguardi dell'opera.

Gli antichi commentatori si dividono, infatti, tra i molti che sottolineano, talora con palese cura apologetica, lo statuto *normalmente* letterario del poema (per esempio Pietro Alighieri: «quando l'autore dice di essere disceso in Inferno, come colui che lo fece intellettualmente, con la fantasia e non di persona, vuol significare di esser disceso all'infimo stato del vizio ed esserne risalito» ecc.); e i pochi che invece ne proclamano la validità di testo *ispirato*: «Dante fu la penna dello Spirito Santo, con la quale penna lo Spirito ci descrisse le pene dei dannati e la gloria dei beati. Per mezzo suo, inoltre, lo Spirito riprese apertamente i delitti dei prelati e dei re...» (Guido da Pisa). Non si dimentichi che, nell'età della *Commedia*, la possibilità di "visioni" straordinarie era ammessa non solo dalla fede, ma anche dalla filosofia; commentando il *De somno et vigilia* aristotelico, Alberto Magno teorizza che alcuni uomini, avendo «un'ottima disposizione sì nell'intelletto che nell'immaginazione [...] sognano il vero e [...] hanno visioni veraci, talché non di rado pronunziano perfino chiarissime profezie» (Nardi, 1942; ed. 1985 p. 289). In una prospettiva scientifica, il problema può apparire insolubile. E tuttavia anche il lettore moderno non disconosce del tutto l'eccezionale pretesa di veridicità che il poema avanza. Talune espressioni dantesche apparirebbero, del resto, se non assurde, poco motivate, ove non s'intendessero in questa speciale ottica (*If* 16, 124-130):

Sempre a quel ver c'ha faccia di menzogna
dè l'uom chiuder le labbra fin ch'el pote,
però che sanza colpa fa vergogna;
ma qui tacer no'l posso; e per le note
di questa comedìa, lettor, ti giuro,
s'elle non sien di lunga grazia vòte,
ch'i' vidi...

Poiché la verità del «vidi» non può certo essere riferita alla "figura" di Gerione, in quanto tale, dovrà esserlo al "figurato", all'azione corruttrice della «froda» su «tutto 'l mondo». Per estensione, il giuramento varrà dunque per l'insieme di quei significati, di quel «ver», la cui «faccia» è la *fictio* poetica, la «menzogna» dell'arte. Ma il "vero" teologico-filosofico è già assicurato dalle fonti che, nella *Monarchia* (III XVI), Dante chiama *documenta* (insegnamenti) *spiritualia* e *phylosophica*; il "giuramento al lettore" di *If* 16 riguarderà dunque in modo specifico ciò che è proprio della poesia, quando – nella coscienza letteraria di Dante – essa non è *involucro* (didattico, allegorico) ma *visione* del "vero". Un'indicazione essenziale, da questo punto di vista, viene data in *Pg* 28, 139-141, dove parlando dell'Eden Matelda dice:

> Quelli ch'anticamente poetaro
> l'età dell'oro e suo stato felice,
> forse in Parnaso esto loco sognaro.

L'alta poesia ha avuto e ha, per divina concessione, la possibilità di "sognare" verità di ordine *storico-provvidenziale*, altrimenti irraggiungibili dall'intelletto umano: i poeti antichi "videro" il Paradiso terrestre, Virgilio "vide" l'universalità dell'Impero e l'imminente rinnovamento del «secolo»; il poeta moderno, per la «cortesia» dell'Onnipotente, vede lo stato del mondo e conosce la «pienezza dei tempi». In questi termini, l'alta poesia è una variante o una forma, sia pur debole, della scrittura profetica (di cui Dante ammette la presenza anche nei tempi moderni: cfr. PAR. 3.5).

3.3. Firenze e l'Italia

Se ora riandassimo ai libri profetici del Vecchio Testamento, potremmo rilevarvi alcuni tratti tipici. Il profeta ha ricevuto da Dio l'incarico di manifestare i peccati del popolo: «...alza la tua voce e dichiara al mio popolo i suoi misfatti» (Isaia 58,1). Egli preannuncia a Israele – o a singole tribù e città – la punizione imminente: «Guai alla corona della superbia degli ubriachi di Ephraim [...] Guai ad Ariel [...] Guai ai figliuoli ribelli...» (Isaia 28,3; 29,1; 30,1). Ciò lo rende odioso ai concittadini: «...quest'uomo deve essere mandato a morte, perché ha profetizzato contro questa città...» (Geremia 26,11). Ma infine la giustizia regnerà, gli afflitti saranno consolati: «Lo Spirito del Signore Iddio [...] mi ha mandato [...] per pubblicare [...] il giorno della vendetta del nostro Dio, per consolare tutti quelli che piangono...» (Isaia 61,1-2). E può accadere che l'annunzio della liberazione si incarni in un nome storico: «...dico a Ciro: sei mio pastore, adempirai tutta la mia volontà [...] Così ha detto il Signore a Ciro, suo unto...» (Isaia 44,28; 45,1). Che il discorso dantesco ripeta queste movenze è palese. Nell'epistola inviata ai cardinali italiani, dopo la morte di Clemente v, Dante si presenta così:

> Quippe de ovibus in pascuis Iesu Christi minima una sum; quippe nulla pastorali auctoritate abutens, quoniam divitie mecum non sunt. Non ergo divitiarum sed «gratia Dei sum id quod sum» [1 Corinzi 15,10], et «zelus domus eius comedit me» [Salmi 68,10]. Nam etiam «in ore lactentium et infantium» [Salmi 8,3] sonuit iam Deo placita veritas...
> [Certo io sono nei pascoli di Gesù Cristo l'ultima delle pecorelle; certo non abuso di alcuna autorità di pastore, poiché con me non sono ricchezze. Non infatti per le ricchezze, ma per grazia di Dio sono ciò che sono, e lo zelo della sua casa mi divora. Che anche sulla bocca dei lattanti e dei fanciulli ha già risonato la verità cara a Dio...]

Gratia Dei sum id quod sum. Come nell'epistola, nella *Commedia* la visione dantesca degli accadimenti "politici" si risolve nell'indignazione della coscienza morale – dinanzi ai turpi effetti dei vizi umani– e nella certezza che la Provvidenza tiene pur sempre nelle sue mani il filo della storia. Il mondo di Dante è, anzitutto, Firenze, amata come il «bell'ovile» della fanciullezza e nondimeno esecrata quale «pianta» di Satana (*Pd* 9, 127 ss.), matrice del «maladetto fiore» (il fiorino d'oro) che ha corrotto la Chiesa; ben degna di figurare, insomma, come antitesi del Paradiso celeste (*Pd* 31, 37-39):

> io, che al divino dal'umano,
> al'etterno dal tempo era venuto,
> e di Fiorenza in popol giusto e sano...

La passione dell'*exul immeritus* (così Dante firmava le sue epistole per l'imperatore Arrigo) è viva attraverso tutto il poema. Quando interroga Ciacco sui motivi della «discordia» che ha assalito Firenze, D. riceve una risposta che rinvia a cagioni universali: «superbia, invidia e avarizia sono / le tre faville c'hanno i cuori accesi» (*If* 6, 74-75). Il canto di Brunetto Latini, più avanti, presenta l'odio dei concittadini per Dante come una forma di ripulsa barbarica per Roma e, ben s'intende, per il valore della giustizia incarnato da Roma; a questo fine, viene richiamato il mito della doppia origine della città, dai romani e dai fiesolani (*If* 15, 61-78):

Ma quello ingrato popolo maligno
che discese di Fiesole ab antico,
e tiene ancor del monte e del macigno,
ti si farà, per tuo ben far, nemico
[...]
Faccian le bestie fiesolane strame
di lor medesme! e non tocchin la pianta,
s'alcuna surge ancora in lor letame,
in cui riviva la sementa santa
di que' roman che vi rimaser, quando
fu fatto il nido di malizia tanta.

Mentre ancora nel X canto, rispondendo a Farinata, il personaggio D. ha accenti di orgoglio guelfo (cfr. PAR. 5.4), le parole di Brunetto proclamano il distacco dell'esule da entrambe le «parti» (si rammenti, al riguardo, che dal 1302 i guelfi "bianchi" avevano di fatto confuso le loro sorti con quelle dei vecchi ghibellini), e insomma la sua drammatica separazione dal mondo municipale, ormai sentito come un falso "intero", insufficiente a sé stesso e perciò irrimediabilmente corruttibile: «...l'una parte e l'altra avranno fame / di te; ma lungi fia dal becco l'erba». Il compenso lirico di questa separazione si trova nei canti di Cacciaguida, nel vagheggiamento di «Fiorenza dentro dala cerchia antica». È un sogno di serenità patriarcale, dolcezza, trasparenza etica (*Pd* 15, 97-99, 130-133):

Fiorenza, dentro dala cerchia antica
ond'ella toglie ancora e terza e nona,
si stava in pace, sobria e pudica
[...]
A così riposato, a così bello
viver di cittadini, a così fida
cittadinanza, a così dolce ostello,
Maria mi diè...

Gli uomini e le donne di quella età sono ricordati nei loro gesti quotidiani, in una misura che è insieme civica e familiare (*Pd* 15, 112-117):

Bellincion Berti vid'io andar cinto
di cuoio e d'osso, e venir dalo specchio

la donna sua sanza 'l volto dipinto;
e vidi quel d'i Nerli e quel del Vecchio
esser contenti ala pelle scoperta,
e le sue donne al fuso e al pennecchio.

Ma la voce della nostalgia sempre si alterna con quella dell'indignazione, del sarcasmo; il ricordo, o meglio il sogno, del passato sempre rinasce (nella mente del poeta) dal disgusto per il presente (*Pd* 15, 100-102, 106-108, 127-129):

Non avea catenella, non corona,
non donne contigiate [riccamente calzate], non cintura
che fosse a vender più che la persona
[...]
Non avea case di famiglia vòte;
non v'era giunto ancor Sardanapalo
a mostrar ciò che 'n camera si puote.
[...]
Sarìa tenuta allor tal maraviglia
una Cianghella, un Lapo Salterello,
qual or sarìa Cincinnato e Corniglia.

È difficile, ma non impossibile, ricreare in noi, lettori moderni, l'effetto acremente grottesco che risulta dall'accostare i nomi dell'antico eroismo romano a quelli della cronaca fiorentina: una donna di malaffare e un voltagabbana, viventi ancora l'una e l'altro mentre Dante scriveva questi versi. Nel XVI canto, Cacciaguida indica il motivo, per così dire, "strutturale" della decadenza: «Sempre la confusion dele persone / principio fu del mal dela cittade, / come del vostro il cibo che s'appone» (vv. 67-69). Firenze si è guastata perché, ingrandendo sé e il suo dominio (per cupidigia, dunque), ha assorbito abitanti del contado, che a loro volta hanno introdotto in lei nuovi impulsi di conflitto, di rivalsa, di ambizione sempre più violenta. Il motivo era stato sommariamente anticipato – anzi: «gridato» – da D. in *If* 16, 73-75: «La gente nova e i sùbiti guadagni / orgoglio e dismisura han generata, / Fiorenza, in te, sì che tu già ten piagni» (è ovvia la notazione che in ciascuna cantica, il canto XVI, come il VI, svolge temi etico-politici). Ora Cacciaguida precisa, per un verso, la gravità della commistione delle stirpi in danno della purezza originaria – del resto più etica che etnica («Ma la cittadinanza, ch'è or mista / di Campi, di Certaldo e di Fegghine, / pura vedièsi nell'ultimo artista [artigiano]», *Pd* 16, 49-51); per un altro, riannoda la vicenda fiorentina alla storia universale collegando l'espansionismo comunale alle lotte della Chiesa contro l'Impero (vv. 58-66):

Se la gente ch'al mondo più traligna
non fosse stata a Cesare noverca
[...]
sariesi Montemurlo ancor de' Conti;
sarieno i Cerchi del piovier [nel territorio della pieve] d'Acone,
e forse in Valdigrieve i Buondelmonti.

La rovina morale di Firenze è dunque solo il caso particolare di uno spettacolo universale. Nel XIV del *Purgatorio*, il ghibellino ravennate Guido del Duca disegna, prima, un'orrida "carta" della Toscana, ormai dimora di «brutti porci» (Casentino), «botoli ringhiosi» (Arezzo), «lupi» (Firenze), «volpi» (Pisa). Poi rammenta la dolcezza del vivere nella Romagna dei suoi tempi (i primi del Duecento), in bruciante contrasto con il presente (vv. 103-111):

Non ti maravigliar s'io piango, tosco,
quando rimembro con Guido da Prata
Ugolin d'Azzo, che vivetter nosco [vissero con noi],
Federico Tignoso e sua brigata,
la casa Traversara e li Anastagi –
e l'una gente e l'altra è diretata [senza eredi] –,
le donne e ' cavalier, li affanni e li agi
che ne 'nvogliava amore e cortesia
là dove i cuor son fatti sì malvagi!

Con identico sentimento, nel canto XVI, Marco Lombardo ricorda e compiange la terra sua (vv. 115-125):

In sul paese ch'Adice e Po riga,
solea valore e cortesia trovarsi,
prima che Federigo avesse briga
[...]
Ben v'èn tre vecchi ancora in cui rampogna

l'antica età la nova, e par lor tardo
che Dio a miglior vita li ripogna:
Currado da Palazzo e 'l buon Gherardo
e Guido da Castel...

Si noti il riferimento, che non è solo cronologico, ma anche causale: «prima che Federigo avesse briga», prima che il pontefice romano si levasse contro Federico imperatore (ca. 1230); il compianto del Lombardo viene, infatti, a coronare un lungo e ragionato discorso sui poteri universali, il temporale e lo spirituale (ci torneremo nel prossimo paragrafo). Agli occhi di Dante, le forme dello stato cittadino – sia quelle più propriamente comunali, come le toscane, sia quelle signorili, diffuse in area padana e romagnola – si sono pervertite, soprattutto nell'ultimo mezzo secolo, per il venir meno di una salda guida imperiale; anche peggiore, se possibile, è la sorte del «regno» meridionale in mano agli Angioini, un ramo della casa reale francese, «mala pianta / che la terra cristiana tutta aduggia [intristisce]» (*Pg* 20, 43-44). Quando considera lo stato della penisola, nel suo insieme, Dante (direttamente come autore) pronuncia la celeberrima invettiva (*Pg* 6, 76-78):

Ahi serva Italia! di dolore ostello,
nave sanza nocchiere in gran tempesta,
non donna di province, ma bordello [prostituta]...

Accusa l'ingerenza della Chiesa nel dominio temporale («Ahi gente che dovresti esser devota»); accusa l'ignavia «crudele» dell'imperatore Alberto d'Asburgo (gli si rivolge come a vivente, ma già ammonendo, con tono profetico, il «successore» Enrico, eletto il 27 novembre 1308: «O Alberto tedesco ch'abbandoni / costei ch'è fatta indomita e selvaggia, / e dovresti inforcar li suoi arcioni: / giusto giudicio dalle stelle caggia / sovra 'l tuo sangue, e sia novo e aperto, / tal che 'l tuo successor temenza n'aggia!», vv. 97-102); interroga, con animo straziato ma non mai dubitoso, la divina Provvidenza (vv. 118-123):

E, se licito m'è, o sommo Giove
che fosti in terra per noi crucifisso,
son li giusti occhi tuoi rivolti altrove?

O è preparazion che nel'abisso
del tuo consiglio fai, per alcun bene
in tutto dall'accorger nostro scisso?

Le ultime terzine, di sarcasmo amarissimo («Fiorenza mia, ben puoi esser contenta / di questa digression che non ti tocca [...] tu ricca, tu con pace e tu con senno!», vv. 127-137), sono per la città natale, per le continue e febbrili convulsioni della sua repubblica (vv. 149-151):

vedrai te somigliante a quella inferma
che non può trovar posa in su le piume,
ma con dar volta suo dolore scherma.

3.4. La Chiesa e l'Impero

Le concezioni politiche, che possono considerarsi quali "materia" del poema, sono quelle argomentate nel *Convivio* e nella *Monarchia*. Nel XVI del *Purgatorio*, attraverso il discorso di Marco Lombardo – in vita, saggio uomo di corte –, Dante si sofferma sugli aspetti essenziali del suo problema etico-politico. Anzitutto, ribadisce che, «se 'l mondo presente disvìa», la cagione va ricercata nel libero arbitrio degli uomini, non già nelle influenze celesti. L'anima umana è naturalmente incline al bene, ma proprio per questo può ingannarsi e si inganna dal «picciol bene» delle cose mondane, «se guida o fren non torce suo amore»; di qui la necessità della legge positiva e di un esecutore di giustizia. Ora, «le leggi son, ma chi pon mano ad esse?». Nessuno, risponde Marco: perché, mancando l'imperatore (nella sostanza e, nell'anno della visione, anche formalmente, dato che Alberto d'Asburgo era eletto ma non incoronato), la guida che resta, il papa, non ha la virtù necessaria ad amministrare la giustizia. I popoli vedono che il loro pastore mira «pur a quel ben [...] ond'ella è ghiotta», cioè ai beni materiali, e si abbandonano alla cupidigia.
La tesi dantesca merita di essere svolta con un minimo di cura. L'imperatore-monarca, tutto possedendo, è immune da cupidigia, e perciò può amministrare la giustizia con perfetta equità. Nessun altro uomo è immune da cupidigia; dunque neanche il papa, in quanto uomo, lo è. Ma se il papa non è immune da cupidigia, non può amministrare la giustizia

con perfetta equità. Difatti non è questa la sua missione: egli è ispirato da Dio come pastore spirituale; ma nella dimensione temporale resta un uomo, bisognoso come gli altri di «guida o fren». Roma – vale a dire, il mondo – aveva «due soli», per illuminare le due vie alle due felicità, la naturale e l'eterna (*Pg* 16, 109-112):

L'un l'altro ha spento, ed è giunta la spada
col pasturale: e l'un con l'altro insieme,
per viva forza, mal convien che vada;
però che, giunti, l'un l'altro non teme...

Il «sole» spirituale ha spento il «sole» temporale. Se colui che detiene lo scettro pastorale (potere spirituale) congiunge a quello la spada (potere temporale), non la teme più, non ne è più frenato, cede alla cupidigia e – inevitabilmente – scade anche nell'esercizio della missione spirituale (vv. 127-129):

Di' oggimai che la Chiesa di Roma,
per confondere in sé due reggimenti,
cade nel fango e sé brutta e la soma.

I versi dedicati, in ogni cantica, alla degenerazione del sacerdozio sono fra i più eloquenti e i più vivamente sentiti di tutto il poema. Si rammenti l'apostrofe di D. a Niccolò III, simoniaco, in *If* 19, 90 ss.: «Deh, or mi di': quanto tesoro volle / Nostro Segnore in prima da san Pietro / ch'ei ponesse le chiavi in sua balìa?». Si rammenti il dittico dedicato a san Francesco e san Domenico (canti XI-XII del *Paradiso*). Questi due «prìncipi» furono suscitati dalla Provvidenza in favore della Chiesa, che, per un verso, aveva «dispetta» la Povertà, sposa di Cristo, e, per l'altro, «si movea tard*a* sospeccios*a* e rar*a*» sul campo della Fede. Ma, poco dopo la scomparsa dei due santi, gli ordini da loro fondati, i Predicatori e i Minori, hanno tralignato: il gregge di Domenico si è fatto ghiotto «di nova vivanda» (di scienza mondana, soprattutto giuridica); la «famiglia» di Francesco cammina addirittura all'inverso della direzione indicatale dal santo: taluni attenuano la regola della Povertà, altri la irrigidiscono («...uno la fugge e altro la coarta»), pochissimi sono ancora in grado di intenderne l'essenza spirituale. Si rammenti, infine, l'ardente e davvero "biblica" orazione di san Pietro, in *Pd* 27, 22-27:

> Quelli ch'usurpa in terra il luogo mio,
> il luogo mio, il luogo mio che vaca
> nella presenza del Figliuol di Dio,
> fatt'ha del cimitero mio cloaca
> del sangue e della puzza; onde 'l perverso
> che cadde di qua sù [Satana] là giù si placa.

Insieme con l'annuncio della prossima restaurazione imperiale (*Pg* 33, 37-45), questo è il più rilevante (ed espresso, come si vede, senza alcun velame) fra i "documenti" propriamente profetici della *Commedia*: la vacanza spirituale – «nella presenza del Figliuol di Dio» – del trono di Pietro, al tempo di Bonifacio VIII (anno della *fictio*) come, per lecita estensione (cfr. v. 58), al tempo di Giovanni XXII (anni della composizione). Inoltre, in più di un'occasione, sulla scia dei giuristi filoimperiali il poeta della *Commedia* proclama che la donazione di Roma al papa, da parte di Costantino, fu illegittima e perniciosa, quale principio del temporalismo ecclesiastico (*If* 19, 115-117):

> Ahi, Costantin, di quanto mal fu matre,
> non la tua conversion, ma quella dote
> che da te prese il primo ricco patre!

Non si possono però riordinare le diverse allusioni, sparse attraverso il poema, in una coerente cronistoria della decadenza e perversione dei poteri universali; come avviene del resto, in scala ridotta, per la storia personale del protagonista-autore, ogni singolo "quadro" modula, secondo proprie esigenze di rappresentazione, la sequenza provvidenziale caduta-redenzione (o meglio: grazia-peccato-grazia). È vero, per restare su un motivo fondamentale, che la donazione di Costantino ha snaturato la Chiesa (cfr. *Pg* 32, 136 ss.) e, togliendo all'Impero la sua vera sede, ha «distrutto» il mondo (dice l'Aquila dei beati in *Pd* 20, 60). Nondimeno, il canto di Giustiniano sul «volo» dell'aquila imperiale attraverso i secoli (*Pd* 6, 1 ss.) racconta di un mondo che, pur dopo Costantino, fu ben retto sia dallo stesso Giustiniano, sia da Carlo Magno; il fuoco della polemica è infatti ora sulle "parti", che si oppongono all'Impero o vorrebbero usurparne il segno (vv. 100-108):

> L'uno al pubblico segno [l'aquila] i gigli gialli [l'insegna di Francia]
> oppone, e l'altro appropria quello a parte,
> sì ch'è forte a veder chi più si falli.
> Faccian li Ghibellin, faccian lor arte
> sott'altro segno, che mal segue quello
> sempre chi la giustizia e lui diparte;
> e non l'abbatta esto Carlo novello
> coi Guelfi suoi, ma tema delli artigli
> ch'a più alto leon trasser lo vello.

E così, quando Marco rammenta lo stato felice di Lombardia «prima che Federico avesse briga», idealizza l'ordine perfetto dei «due soli» – «Soleva Roma, che 'l buon mondo feo, / due soli aver...» (*Pg* 16, 106 ss.) – in un passato che non ha concreta rispondenza cronologica, ma è solo il fondale su cui è ritratta e condannata la degradazione presente. La visione dantesca dell'Impero ha la forza e i caratteri di una grandiosa utopia. Con questo termine si intende sottolineare non tanto lo scarto fra le speranze ghibelline e le forze modeste dell'Impero romano-germanico, quanto lo spirito radicalmente antipolitico del disegno dantesco. In un mondo regolato dai *phylosophica documenta* e sapientemente guidato *in camo et freno* (con la briglia e il freno) dall'imperatore, non c'è alcuno spazio per il conflitto, per quella lotta fra soggetti indipendenti che è la dimensione della politica, e che Dante può pensare solo come *humana cupiditas*, ossia come manifestazione storica del male. In questa posizione si può cogliere il senso d'impotenza, diffuso nei gruppi intellettuali più legati alla tradizione scolastica, dinanzi alla spietata energia dei processi di sviluppo socioeconomico a fine Duecento, in centri come Firenze: urbanizzazione, mercantilismo, industrializzazione. Spostando il punto di partenza del ragionamento, si potrebbe dire che proprio il radicalismo utopistico consente a Dante di scorgere in piena luce il profilo atrocemente violento delle lotte fra uomo e uomo, il sacrificio inesorabile cui esse sembrano condannare tutto ciò che è gentile e bello: amarissima scoperta, il cui sentimento pervade l'intera *Commedia*.

3.5. Gli Ultimi giorni

Per il cristiano Dante, i lineamenti fondamentali della storia umana, dalla Resurrezione di Cristo alla Fine del tempo, sono scritti nell'*Apocalisse* di san Giovanni.

> Il Profeta narra di una lunga battaglia fra Dio e Satana per il dominio del mondo; gli eserciti contrapposti sono guidati dal Messia e dall'Anticristo, a fianco del quale è la grande meretrice Babilonia, seduta su una bestia con sette teste e dieci corna. Il Messia sconfigge i suoi nemici e incatena Satana per mille anni; durante questo periodo, Cristo regna sul mondo con i santi risorti. Rimesso in libertà, Satana guida un nuovo assalto, ma le sue forze sono distrutte e lui stesso gettato in un abisso di fuoco. Scocca l'ora della resurrezione universale e del giudizio finale, cui segue l'instaurazione del regno eterno di Dio.

Le figurazioni intermedie della visione apocalittica sono state variamente adattate, nel corso dei secoli, all'esigenza di riconoscervi questa o quella fase storica (ma, da san Girolamo in poi, la Chiesa ha sempre favorito un'interpretazione morale del testo e scoraggiato i tentativi di ricavarne previsioni sulla cronologia degli Ultimi giorni). Ad esempio, non c'è dubbio che, per l'autore dell'*Apocalisse*, «Babilonia» sia Roma imperiale. Nell'età di Dante, invece, un interprete francescano, Pietro di Giovanni Olivi, vi scorgeva la Chiesa corrotta nella sua principale sede, cioè Roma. E il poeta manifesta consenso a tale lettura in *If* 19, 106-111:

> Di voi pastor s'accorse il Vangelista,
> quando colei che siede sopra l'acque
> puttineggiar coi regi a lui fu vista;
> quella che con le sette teste nacque
> e dale diece corna ebbe argomento,
> fin che virtute al suo marito piacque.
>
> [Di voi, cattivi pastori, ebbe notizia Giovanni Evangelista, quando vide la meretrice, sedente sulle acque, fornicare con i re della terra, quella (la Chiesa) che nacque dotata dei sette sacramenti ed ebbe sostegno dai dieci comandamenti finché il suo capo fu virtuoso.]

Nello schema apocalittico, l'insorgenza trionfante del male precede immediatamente la vittoria del Messia. Si spiega, pertanto, che nel corso dei tempi le personalità religiose più sensibili alle sofferenze degli umili e all'iniquità dei potenti (e a ogni generazione d'uomini sembra invero che la misura di questa e di quelle sia colma) abbiano voluto scorgere nell'estrema miseria del loro presente il segno di una prossima redenzione. Gioachino da Fiore, morto nel 1202, e ricordato come «profeta» in *Pd* 12, 141, riteneva che il mondo fosse nella sua quinta età, l'età dello scontro fra la Chiesa santa e quella maligna (Babilonia); seguirebbero l'età della punizione inflitta ai malvagi e l'età dello Spirito Santo trionfante. È innegabile che lo schema apocalittico operi anche nella visione dantesca. La figura del Veltro unisce tratti romano-imperiali («di quell'umile Italia fia salute», *If* 1, 106) a una fisionomia escatologica, poiché di lui si dice che verrà a chiudere il "tempo" aperto dalla seduzione satanica nell'Eden: egli infatti rimetterà la lupa-cupidigia «nel'inferno / là onde invidia prima dipartilla» (v. 111). Dopo la vittoria del Veltro, la cupidigia, con tutto il male che ne consegue, sarà esclusa dal mondo: a rigore, ciò significa che in tale stato di cose l'Impero non sarà più necessario, e i tempi scorreranno in una dimensione più simile al regno messianico dell'*Apocalisse* che alla storia umana. Vi è poi l'accenno di Beatrice al fatto che i seggi dei beati in Paradiso sono quasi tutti occupati (*Pd* 30, 130-132):

> Vedi nostra città quant'ella gira;
> vedi li nostri scanni [sedili] sì ripieni
> che poca gente più ci si disira.

Questo è certamente un motivo apocalittico: «...e fu loro detto che si riposassero ancora un poco di tempo, infino a tanto che fosse ancora compiuto il numero dei loro fratelli...» (6,11). Ma, al riguardo, già nel *Convivio*, cioè in sede scientifica, Dante mostra di condividere l'idea che il moto del mondo, cominciato poco più di seimila anni prima, stia per arrestarsi: «...e noi siamo già nell'ultima etade del secolo, e attendemo veracemente la consumazione del celestiale movimento» (II 14, 13; l'attesa non può però trasformarsi in calcolo: «il tempo della fine del mondo è ignoto» [Tommaso, *Summa Theologiae*, Suppl, 91, 2, ad 8]; Matteo, 24,44; ecc.).

Accanto a tali indicazioni, in sé chiare, sta tuttavia un dato macroscopico: la preponderanza, non solo quantitativa ma affettiva, dell'esortazione etico-politica sull'annuncio profetico-apocalittico. Da un canto all'altro del poema, Dante chiama ad agire, fa appello alla responsabilità di ciascuno e di tutti, incita a combattere contro il male *nella storia*, più che ad attendere la fine di essa. Nonostante le sconfitte registrate nel corso stesso della stesura dell'opera (anzitutto, la vicenda di Enrico VII), Dante sa che il trionfo del bene avverrà nel segno *storico* dell'aquila romana, nel nome di quel popolo «santo» cui Dio ha affidato l'Impero, con un mandato più forte di ogni «vicenda» di Fortuna. Dopo aver mostrato a D. la rappresentazione della cattività avignonese della Chiesa (un gigante feroce che rapisce la puttana e il suo mostruoso carro), Beatrice rivela (*Pg* 33, 37-45):

> Non serà tutto tempo sanza reda [erede]
> l'aguglia [aquila] che lasciò le penne al carro,
> per ch'e' divenne mostro e poscia preda;
> ch'io veggio certamente, e però il narro,
> a darne tempo già stelle propinque,
> secure d'ogn'intoppo e d'ogne sbarro,
> nel quale un Cinquecento diece e cinque,
> messo di Dio, anciderà la fuia [ladra]
> con quel gigante che con lei delinque.

L'enigma «cinquecento diece e cinque» si scioglie verosimilmente in DXV (numeri romani: 500 = D, 10 = X, 5 = V), anagramma di DVX o acronimo di *Dominus Xristi Vnctus*; ma soprattutto conta che tale messo di Dio sia presentato quale erede dell'Aquila, ossia come un imperatore romano. E conta che, come principale aiutante nell'opera di redenzione, Dante (per bocca di Cacciaguida) indichi un fedele dell'Aquila come Cangrande, vicario imperiale (*Pd* 17, 76-84):

> ...vedrai colui che 'mpresso fue,
> nascendo, sì da questa stella forte [Marte],
> che notabili fier [saranno] l'opere sue.
> Non se ne son le genti ancora accorte
> per la novella età, che pur nove anni
> son queste rote intorno di lui torte;
> ma pria che 'l Guasco [Clemente V] l'alto Arrigo inganni,
> parran faville della sua virtute
> in non curar d'argento né d'affanni.

4. Questioni di dottrina

4.1. Il desiderio naturale di conoscere

Dopo l'esperimento incompiuto del *Convivio* e del *De vulgari eloquentia*, l'impegno filosofico di Dante culmina nella *Monarchia*, concepita dall'autore come un contributo originale all'approfondimento del tema "politico" – pur all'interno di una verità di ragione «que per phylosophos tota nobis innotuit» (che per mezzo dei filosofi ci è stata resa interamente nota). Un altro approfondimento originale, di materia fisica, relativo al problema delle terre che emergono dalla sfera acquea, è dato nella *Questio de aqua et terra* (1320), firmata «Dantes Alagherii de Florentia inter vere phylosophantes minimus».

Nella storia di Dante, le figure del poeta e del filosofo si alternano alla ribalta, soprattutto nel senso che il poeta viene a rifar propri, in forme fantastiche, i temi del filosofo, e il filosofo riprende e schiarisce logicamente i motivi sentiti dal poeta. Nasce così, sul terreno della meditazione etica, il «cantore della rettitudine» protagonista del *De vulgari eloquentia*; e tale formula, quando per «rettitudine» s'intendesse l'*animus* etico-politico di una ricognizione estesa all'intera vita del cosmo, non si applicherebbe male al poeta della *Commedia*. Si è già visto come la stessa strutturazione dell'Oltremondo e l'idea del viaggio siano sostenute da un ricco complesso dottrinario, in cui entrano l'*Etica* aristotelica, la morale scolastica e la cosmologia tolemaica (sviluppata da astronomi arabi, come Alfragano). Su questo impianto, a specifici interventi di Virgilio, di Stazio e, soprattutto, di Beatrice sono poi demandati i "capitoli" di una piccola enciclopedia filosofica e teologico-filosofica, che viene a prendere il posto della grande e irrealizzata enciclopedia che doveva essere il *Convivio*.

Dante partecipa con acuta consapevolezza al tentativo – che ha in Alberto Magno e Tommaso d'Aquino i massimi promotori – di integrare alle basi razionali del pensiero cristiano la filosofia di Aristotele, tornata accessibile dopo l'eclissi altomedievale dei suoi testi principali. Ciò non comporta che al Nostro – come del resto a nessun altro filosofo del tempo – sia da attribuirsi un "aristotelismo" filologicamente attendibile: basti pensare che è da lui considerato, se non opera di Aristotele, certo valida *auctori-*

tas il trattato *De causis*, in effetti ispirato all'emanatismo neoplatonico di Proclo (cfr. PAR. 4.2). Riguardo alla possibile sintesi fra tesi peripatetiche e neoplatoniche – sintesi cui i pensatori cristiani erano del resto spinti dalla necessità di razionalizzare la derivazione degli esseri da Dio, problema sostanzialmente estraneo ad Aristotele (Nardi, 1930; ed. 1967 pp. 15-6) –, l'atteggiamento dantesco si avvicina a quello di Alberto Magno, laddove Tommaso appare più rigoroso nella scelta per Aristotele. Nel drammatico dibattito intorno alle tesi aristoteliche "radicali" formulate da Averroè (intelletto unico, eternità del mondo), Dante resta fermamente, e in tutte le sue opere, ancorato alle conclusioni "ortodosse", ritenute compatibili con la fede cristiana: ciò non toglie che subisca il fascino teoretico di proposizioni averroistiche (come in *Mn* I 3, 9) o di intonazione averroistica; e non è dunque privo di significato che il filosofo arabo-ispanico sia accolto fra gli spiriti magni del Limbo («Averoìs che 'l gran comento feo», *If* 4, 144), o che il maggiore "averroista" latino, Sigieri di Brabante, sia ricordato con onore nei versi toccanti di *Pd* 10, 133-138 (cfr. PAR. 5.11).
A tal riguardo, la *Commedia* attesta almeno una revisione di grande rilievo. In contrasto con il terzo trattato del *Convivio* e in accordo con una tesi tomistica, la *Commedia* nega che il desiderio di conoscenza, naturale nell'uomo, possa trovare soddisfazione nella vita terrena; il desiderio naturale si estende, fin dal suo nascere, a quel divino che potrà conoscersi, per grazia, solo oltre la vita terrena (*Pg* 21, 1-4; *Pd* 4, 124-126):

> La sete natural, che mai non sazia
> se non con l'acqua onde la femminetta
> samaritana domandò la grazia,
> mi travagliava...
>
> Io veggio ben che già mai non si sazia
> nostro intelletto, se 'l ver non lo illustra
> di fuor dal qual nessun vero si spazia.

Perciò le anime dannate, che non vedranno mai Dio, non troveranno mai un'autentica «perfezione», una piena attuazione ontologica: «Tutto che questa gente maladetta / in vera perfezion già mai non vada, / di là più che di qua esser aspetta» (*If* 6, 109-111). Nella discussione teologica sul modo del rapporto fra i beati e Dio, Dante sceglie ancora Tommaso, che dà priorità all'intendere, al momento conoscitivo, sull'amare, che all'intendere consegue; Bonaventura, invece, teneva come prioritario l'amare Dio. Nel cielo del Sole, Salomone (*Pd* 14, 37-42; cfr. anche 28, 111) spiega che lo splendore dei beati è manifestazione del loro amore («ardore»), il quale segue la cognizione («visione»):

> ...Quanto fia lunga la festa
> di paradiso, tanto il nostro amore
> si raggerà dintorno cotal vesta.
> La sua chiarezza séguita l'ardore,
> l'ardor la visione, e quella è tanta,
> quant'ha di grazia sovra suo valore.

Nonostante la nettezza di scelte come questa, l'apertura sincretica della cultura filosofica dantesca toglie quasi significato al quesito ricorrente sull'etichetta, aristotelica o platonica, che meglio si adatta alla *Commedia*. Per certo, il poema conferma il primato dello Stagirita (*If* 4, 130-135):

> Poi che inalzai un poco più le ciglia,
> vidi 'l maestro di color che sanno
> seder tra filosofica famiglia.
> Tutti lo miran, tutti onor li fanno:
> quivi vid'io Socrate e Platone,
> che innanzi alli altri più presso li stanno...

Quanto alle specifiche questioni di dottrina, bisognerà di caso in caso riannodare l'esito dantesco alle posizioni del dibattito antecedente e coevo, tenendo ben fermo che i "capitoli" filosofici del poema non sono mai dettati da interesse accademico, ma sono sempre funzionali all'asse etico del discorso, chiarimenti necessari a fissare la posizione dell'uomo nel Creato.

4.2. Le macchie lunari e il sistema del mondo

Ciò appare con evidenza, anche quando si prenda a leggere il più "tecnico" dei canti filosofici, quel secondo canto del *Paradiso* la cui difficoltà è divenuta addirittura proverbiale fra i dantisti. Giunto nel cielo della Luna, D. interroga Beatrice intorno ai «segni bui» visibili sulla faccia che il pianeta mostra alla Terra. A tal riguardo, nel *Convivio*, si adduceva (di passaggio, per la verità) una spiegazione risalente al *De substantia orbis* di Averroè: «...l'ombra che è in essa, la quale non è altro che raritade del suo corpo, ala quale non possono terminare li raggi del sole e ripercuotersi così come nell'altre parti» (II 13, 9); e, nella finzione dialettica della *Commedia*, proprio quella tesi è riproposta da D. L'argomentazione di Beatrice si svolge su un piano teologico-filosofico – a riprova di come si debba intendere senza meccanicismo l'allegoria che alla santa donna assegna il ruolo di voce della Rivelazione. Anzitutto Beatrice osserva che, se la diversa luminosità delle stelle si spiegasse con il «raro e denso» della materia, ne seguirebbe che tutte le stelle, avendo un medesimo principio formale, sono diverse fra loro solo per un «più e men» di virtù; ma se tutte le stelle avessero il medesimo principio formale, avrebbero anche – con una gradazione solo quantitativa («più e men») – la medesima influenza sulla generazione dei corpi terrestri: il che è assurdo. (Secondo la scienza medievale, gli esseri terrestri sono diversi l'uno dall'altro perché formati da diverse influenze celesti; solo le anime umane immortali sono create direttamente da Dio; cfr. PAR. 4.3). Al contrario, la varia luminosità dei corpi celesti – delle stelle, l'una rispetto all'altra, e della Luna, nelle sue parti – dipende proprio dalla molteplicità delle «virtù», le quali fanno «diversa lega» – più e meno preziosa – con la materia ad essi pertinente (la cosiddetta «quinta essenza»). Si tratta, per quel che pare, di un'idea derivante dal neoplatonico Giamblico (ma riferita come probabile anche da Tommaso), che il discorso di Beatrice reinserisce in una visione del cosmo e dell'azione creatrice di impronta emanatistica.

In principio, Dio creò immediatamente «forma e materia, congiunte e purette» (*Pd* 29, 22); vale a dire: le forme pure (gli angeli), la materia pura o prima, i composti indissolubili di forma e materia (i cieli). Il cielo Primo Mobile – tutto identico a sé stesso – ha da Dio una «virtù informante» (*Pd* 7, 137), che il contiguo cielo stellato distribuisce secondo diverse «essenze»; i cieli inferiori ricevono la virtù vitale dall'alto e «per varie differenze» la trasmettono sulla Terra, producendo come «organi del mondo» la molteplicità della generazione. I movimenti celesti, da cui dipende il nostro mondo sensibile, sono prodotti («spirano», scrive il poeta) dagli angeli motori, nel cui volere si riflette la volontà creatrice di Dio (*Pd* 2, 127-132):

Lo moto e la virtù d'i santi giri,
come dal fabbro l'arte del martello,
da' beati motor convien che spiri;
e 'l ciel cui tanti lumi fanno bello [il cielo stellato],
dela mente profonda che lui volve [dall'intelligenza angelica che lo muove]
prende l'image e fassene suggello [si fa un sigillo con cui dar forma alla materia inferiore].

Questa intensa rappresentazione del Cosmo, come sistema di intelligenze produttrici, riconduce la molteplicità del mondo sensibile a quell'unica forza (o «luce») intellettuale, il Verbo divino, che lo ha voluto e gli dà continuamente la vita (*Pd* 13, 52-63):

Ciò che non more e ciò che può morire
non è se non splendor di quella idea
che partorisce, amando, il nostro Sire:
che quella viva luce [il Verbo] che sì mea [deriva]
dal suo lucente [Dio Padre], che non si disuna
da lui né dall'amor [lo Spirito] ch'a lor s'intrea [si congiunge come terzo],
per sua bontate il suo raggiare aduna,
quasi specchiato, in nove sussistenze [i nove cori angelici],
etternalmente rimanendosi una.
Quindi discende all'ultime potenze
giù d'atto in atto, tanto divenendo,
che più non fa che brevi contingenze...

L'uomo ha insomma sotto i suoi occhi, nel mondo sensibile, l'immagine dell'amore divino.

4.3. L'anima umana

Nel XXV del *Purgatorio*, D. chiede come possa accadere che gli spiriti, dannati o penitenti, patiscano castighi e pene materiali – dal gelo al fuoco alla fame. La risposta di Stazio comincia con il descrivere la genesi dell'anima umana. Nell'uomo, come negli altri animali, la parte migliore del sangue maschile, quella che possiede la «virtù» di formare tutte le membra, diventa seme. Quando si unisce alla parte migliore del sangue della donna, la coagula, e la «virtù» del sangue paterno diventa anima vegetativa di quel grumo di materia. Ora la condizione del feto è la stessa di una pianta, «in tanto differente» che l'anima umana «è in via e quella [della pianta] è già a riva» (vv. 53-54). In una seconda fase, l'organismo si struttura, acquista capacità di movimento e di sensazione, raggiungendo la compiutezza dell'anima sensitiva. Fin qui il discorso ripete elementi comuni dell'embriologia medievale, di base aristotelica. Un problema spinoso si pone invece a proposito delle funzioni intellettuali. Per bocca di Stazio, Dante riprova esplicitamente la dottrina di Averroè, non senza una probabile allusione alle tesi esposte da Guido Cavalcanti nella canzone *Donna me prega*. «Quest'è tal punto – dice Stazio – che più savio di te fé già errante, / sì che per sua dottrina fé digiunto / dall'anima il possibile intelletto, / perché da lui non vide organo assunto» (vv. 62-66). È la dottrina che pone un intelletto separato e unico, per tutto il genere umano, e vede quindi nell'anima sensitiva la "forma" dell'individuo. Il cristiano sa invece che l'anima personale e intellettuale è creata direttamente da Dio e da Lui immessa nel feto, quando «l'articular del cerebro è perfetto». Ma che cosa accade, allora, delle virtù preesistenti, la vegetativa e la sensitiva? Seguendo un'ipotesi di Alberto Magno, Dante afferma che lo «spirito nuovo» le «tira» a sé, «e fassi un'alma sola / che vive e sente e sé in sé rigira» (*Pg* 25, 74-75): un'anima sola che ha tutte e tre le funzioni, vegetativa, sensitiva e intellettiva. Quando il corpo muore, l'anima immortale non perde la virtù formativa ma imprime la propria immagine nell'aria circostante: attraverso questo corpo fittizio le anime patiscono e manifestano la pena di senso. La soluzione data da Dante al problema delle pene ultraterrene sembra originale e, come è ovvio, fornisce una legittimazione razionale all'intera invenzione del poema. Ma il punto nodale del canto resta pur sempre la presa di posizione antiaverroistica: l'individualità e personalità dell'anima intellettuale sono fondamento della responsabilità morale dinanzi a Dio, condizione del premio e della pena.

4.4. Il libero arbitrio

La nozione della responsabilità morale personale è così determinante, nella concezione del poema, che non stupisce di vederla ampiamente discussa ed esposta in più luoghi. Nei suoi termini generali (e prescindendo da alcuni aspetti controversi su cui il Nostro non si pronuncia in modo netto), la posizione dantesca è conforme alla dottrina cattolica "ortodossa", che incorpora aspetti dell'etica aristotelica e neoplatonica, in particolare boeziana. Contro la ricorrente tendenza a quietare la coscienza con il sottometterla alla forza degli astri, Marco Lombardo riconosce alle influenze celesti, sul temperamento naturale degli individui, soltanto un primo impulso ai desideri e alle azioni; ma l'intelletto resta libero di distinguere fra bene e male, e libera resta la volontà di perseguire l'uno o l'altro (*Pg* 16, 73-78):

Lo cielo i vostri movimenti inizia:
non dico tutti, ma, posto ch'i' 'l dica,
lume v'è dato a bene e a malizia,
e libero voler, che, se fatica
nele prime battaglie col ciel dura,
poi vince tutto, s'e' ben si notrìca [alimenta].

Con più serrata e dettagliata argomentazione, Virgilio dedica quasi un intero canto – il XVIII del *Purgatorio* – a difendere il «libero arbitrio» dagli errori «de' ciechi che si fanno duci» e pongono «ciascun amore in sé laudabil cosa» (i poeti dell'amor cortese?). In verità, avverte l'antico maestro, bisogna distinguere fra la naturalità, e in questo senso "bontà", dell'amore come tensione dell'animo a cosa che piaccia e la "bontà" effettiva del desiderio concreto in cui quella tensione si particolarizza, di caso in caso. Nell'anima umana sono impressi, dall'origine, tanto «lo 'ntelletto delle prime notizie» (cioè i princìpi primi della ragione: ad esempio, il principio di non contraddizione; vv. 55-56), quanto «de' primi appetibili l'affetto», vale a dire la tensione istintiva al bene, alla realizzazione delle proprie potenzialità. Questa tensione istintiva è anteriore alla scelta morale e alla conseguente responsabilità: «questa prima voglia / merto di lode o di biasmo non cape» (vv. 59-60). Scelta morale e responsabilità investono invece l'atto in cui la tensione istintiva, di volta in volta, si determina: fra la tensione e l'azione concreta interviene appunto il libero giudizio che dà, o nega, il suo assenso, in quanto «buoni e rei amori accoglie e viglia» – accetta gli amori conformi al sommo bene e scarta quelli difformi. Il libero giudizio è dato a tutti, conclude il poeta: «Onde, pognam che di necessitate / surga ogne amor che dentro a voi s'accende, / di ritenerlo è in voi la podestate» (vv. 70-71).

Il rigore discorsivo non deve distrarre dalle drammatiche implicazioni dell'assunto. Qui Virgilio distrugge la disperata giustificazione di tutte le anime che cedettero alla passione: «Amor, ch'a nullo amato amar perdona...». Quella di Francesca è una verità psicologica, perché l'anima presa nella passione d'amore davvero null'altro sa e null'altro vuole che la cosa amata. La verità di Virgilio («quanto ragion qui vede») conosce invece l'obiettività delle situazioni e, in esse, il pur fuggevole istante in cui il giudizio ha liberamente dato il suo assenso, errando, a un «bene» fallace.

4.5. La Provvidenza

La concezione dantesca del libero arbitrio, stando alla lettera, è qualificabile come intellettualistica. In *Mn* I 12, 3, è detto con chiarezza che «iudicium medium est apprehensionis et appetitus»: prima la cosa appresa viene giudicata buona o cattiva, poi desiderata o fuggita; invece, negli animali bruti, che sono privi di libertà, le stime (*iudicia*) «semper ab appetitu preveniuntur» (sono sempre precedute dal desiderio). Si capisce perché Dante (con i pensatori cui si ispira in questo caso, Tommaso e Sigieri di Brabante) si sforzi di porre la responsabilità morale nella facoltà più alta dell'uomo, quella intellettuale. Nondimeno, in tal modo, diventa difficile motivare il determinarsi delle scelte moralmente cattive: che cosa, infatti, può impedire al giudizio di discernere il bene dal male? È davvero possibile spiegare ogni scelta per il male come ignoranza del vero bene? In altre parole: l'intelletto umano è davvero autosufficiente nella scelta del bene?
Il problema ha un'evidente implicazione teologica: l'uomo ha la forza di salvarsi da solo, o ha sempre bisogno della grazia divina? La dottrina cattolica risponde che – dopo il peccato originale – l'uomo non può operare il bene senza l'aiuto della grazia (Virgilio non può vincere da solo l'ostinazione dei diavoli sulla soglia del basso Inferno, e riceve un soccorso celeste; l'umanità pagana ha ricevuto da Dio l'Impero come guida al bene). Ma come si accordano l'efficacia della grazia e il libero arbitrio? Se Dio non vuole, come certamente non vuole, la perdizione di alcuna anima, come mai non tutte le anime si salvano? Certo non troveremo in Dante una risposta conclusiva al più insidioso quesito della

teologia morale, quella risposta coincidendo infatti con l'abisso insondabile del «consiglio» divino (*Pd* 11, 28-30):

> La Provedenza, che governa il mondo,
> con quel consiglio nel quale ogne aspetto [vista]
> creato è vinto pria che vada al fondo...

Nel corso della *Commedia*, di volta in volta, l'accento batte sulla libertà dell'uomo, quando il poeta vuol fare appello al senso di responsabilità e alle virtù del lettore cristiano; batte sulla misericordia del Padre celeste, quando vuole invece dare speranza a chi senta con angoscia la fragilità della propria condizione. L'amore e la speranza possono «vincere» la volontà divina, perché essa vuole essere «vinta» (*Pd* 20, 94-99):

> Regnum celorum violenza pate [patisce]
> da caldo amore e da viva speranza,
> che vince la divina volontate:
> non a guisa che l'omo all'om sobranza [sopraffà],
> ma vince lei perché vuol esser vinta,
> e, vinta, vince con sua beninanza [benignità].

La difficoltà logica non si avverte, nella coerenza morale dell'esortazione a operare il bene, avere fede nel bene, sperare il bene. Se si consideri la storia umana nel suo complesso, non si può dubitare né della piena responsabilità dei primi uomini, quando commisero il peccato originale (Eva e soprattutto Adamo – cfr. *Pd* 13, 85-87 – erano in stato di perfezione più che naturale, quindi avevano la massima capacità di distinguere il bene dal male); né dell'assoluta gratuità del successivo intervento divino per salvare l'uomo. Nel VII canto del *Paradiso* Beatrice spiega che il primo peccato fu troppo grave perché l'uomo potesse mai meritarne, con i suoi mezzi, una giusta assoluzione (vv. 97-100):

> Non potea l'uomo ne' termini suoi
> mai sodisfar, per non potere ir giuso,
> con umiltate obediendo poi,
> quanto disobediendo intese ir suso.

Perciò la bontà di Dio si spinse fino «a dar sé stesso / per far l'uom sufficiente a rilevarsi» (vv. 115-120, 118-120):

e tutti li altri modi erano scarsi
ala giustizia, se 'l Figliuol di Dio
non fosse umiliato ad incarnarsi...

Anche la salvezza del personaggio-Dante si presenta come avvenuta per pura misericordia divina, nel momento in cui il peccatore è al punto più rischioso della sua caduta (*Pg* 30, 136-138):

Tanto giù cadde che tutti argomenti
ala salute sua eran già corti,
fuor che mostrarli le perdute genti.

Nel II canto dell'*Inferno*, la concessione della grazia a D. è narrata – da Beatrice a Virgilio – come un miracolo mariano (vv. 94-96):

Donna è gentil nel ciel che si compiange
di questo impedimento ov'io ti mando,
sì che duro giudicio là sù frange.

L'intervento di Maria non dà riscontro a una speranza del peccatore (cfr. *If* 1, 54), ma solo alla sua dolorosa presa di coscienza (*If* 1, 1 ss.). Diverso, per fare solo il caso più chiaro, il racconto relativo a Buonconte da Montefeltro, morto in battaglia al colmo di una vita violenta (*Pg* 5, 100-107):

Quivi perdei la vista e la parola;
nel nome di Maria finî;
e quivi caddi, e rimase la mia carne sola
[...]
l'angel di Dio mi prese, e quel d'inferno
gridava: «O tu dal ciel, perché mi privi?
Tu te ne porti di costui l'etterno
per una lacrimetta che 'l mi toglie [...]».

Non una «lacrimetta», come dice con disprezzo il diavolo, ma un istante di pentimento libero e profondo ha salvato l'anima di Buonconte. Anche quando il racconto dantesco ne tace per ragioni d'arte, sempre sappiamo che l'attimo del pentimento è ciò che differenzia il destino dei «salvati» da quello dei «sommersi». E non stiamo ogni volta a chiederci, con puntiglio di teologi, se Dio ha salvato chi si è pentito, oppure ha concesso il pentimento a chi voleva salvo. (La risposta ortodossa sarebbe che Dio "vuole" la salvezza dei giusti-predestinati, mentre "non impedisce" la dannazione dei rei.) Il tema della "predestinazione" è invece da Dante messo a fuoco a proposito di un punto speciale: la salvezza o la condanna dei giusti non credenti. Come si sa, il luogo in cui gli innocenti che «non ebber battesmo» sono eternamente confinati, nello struggimento della separazione da Dio, è il Limbo. Il personaggio di Virgilio, in particolare, è caratterizzato da questo malinconico inappagamento, dall'incompiutezza irredimibile del desiderio naturale di verità. In Dante ricorre, non si dice un autentico dubbio, ma un pensoso tormento («...question cotanto crebra», *Pd* 19, 69) intorno a questo aspetto della giustizia divina. Così che, quando la visione dell'Aquila nel cielo di Giove rivela la presenza degli antichi Rifeo e Traiano, noti al mondo come pagani, la domanda sgorga con franchezza inconsueta: «Che cose son queste?» (*Pd* 20, 82). A parte il modo miracoloso in cui si è realizzata (a Rifeo Dio stesso «aperse / l'occhio ala nostra redenzion futura», vv. 122-123; l'anima di Traiano fu addirittura richiamata per qualche istante nel corpo, dal Limbo dove risiedeva, affinché potesse credere in Cristo), la salvezza dei due antichi giustissimi sta appunto a provare, o simboleggiare, l'onnipotenza dell'amore divino, di là da qualsiasi umana aspettativa (*Pd* 20, 130-132):

> O predestinazion, quanto remota
> è la radice tua da quelli aspetti
> che la prima cagion non veggion tota!

Si vorrebbe concludere che, nella *Commedia*, la fede nella predestinazione non ha il carattere arcigno e selettivo con cui spesso si è presentata nella storia del cristianesimo, ma al contrario il senso di una speranza illimitata (*Pd* 19, 106-111):

> Ma vedi: molti gridan "Cristo, Cristo!",
> che saranno in giudicio assai men prope [vicino]
> a lui, che tal che non conosce Cristo;
> e tai cristian dannerà l'etiòpe,
> quando si partiranno i due collegi,
> l'uno in etterno ricco e l'altro inòpe [povero].

5. I personaggi

5.1. Il poeta del mondo terreno

Secondo l'*Epistola a Cangrande*, il *subiectum* della *Commedia* è duplice. Quanto al senso letterale, è lo «status animarum post mortem» (la condizione delle anime dopo la morte); quanto al senso allegorico, è l'uomo «prout merendo et demerendo per arbitrii libertatem iustitie premiandi et puniendi obnoxius est» (in quanto, meritando e demeritando liberamente, è soggetto alla giustizia del premio o della pena). Dantesche o apocrife che siano, tali definizioni richiedono un completamento. *Subiectum* letterale è in effetti il viaggio salvifico di *un vivo* attraverso i regni dell'Aldilà. Il *subiectum* "morale" deve rilevare, unita alla giustizia, la *misericordia* divina. In ogni modo, la duplice definizione dell'antico esegeta si correla agli interrogativi cui anche i nostri paragrafi hanno tentato di rispondere: come si presenti l'unità narrativa del poema; quale ne sia l'ispirazione fondamentale (noi diremmo: l'indignazione per lo stato etico-politico del mondo, l'ammonimento alla responsabilità individuale, l'esortazione a operare il bene e a confidare nella misericordia divina, l'annunzio di un intervento redentore).

Se poi veniamo a considerare la realtà obiettiva della *Commedia* in quanto opera di poesia, al di là della coscienza letteraria dell'autore e della sua intenzione morale, ci appare subito evidente come il vero *subiectum* della fantasia dantesca non sia il «mondo dei morti», ma il nostro mondo in tutte le varietà dell'esistenza: «il mondo vivente dell'agire e del patire umano... oggettivamente fondato nel suo intimo» (come scrisse Hegel nella sua *Estetica*, ed. Merker, p. 1235). Le fosse infernali, il monte del Purgatorio, i «topazi» e le «lucerne» celesti – l'intero Aldilà è rappresentato sensibilmente con le forme del nostro mondo (e come potrebbe avvenire in diversa maniera? E non è lo stesso poeta a svelare il gioco, con le sue similitudini: «Qual i Fiamminghi tra Guizzante e Bruggia», «Quale nel'arzanà de' Viniziani», «Sì come ad Arli, ove Rodano stagna»?). Ma, soprattutto, gli uomini, che si presentano sulla scena, lo fanno con fisionomia e passioni di viventi: anche la disperazione assoluta e la beatitudine dell'amore sono passioni di viventi, non di spettri.

Siano dannati, siano salvi, gli uomini e le donne della *Commedia* ci si offrono nell'atto di un'esistenza imperitura. Nel poema dello *status animarum post mortem*, il sentimento della finitezza, della perdita irreparabile dell'esserci, non ha luogo – tranne che nell'«errore» di Cavalcante. Per il Dante filosofo (o credente, come si preferisca dire), le anime vivono eternamente, nella pena o nella gioia; per il Dante poeta, ogni personaggio è colto nel momento culminante della sua vitalità, nel bene o nel male, fissato in un attimo senza fine («Qual io fui vivo, tal son morto», *If* 14, 51). Ha scritto Erich Auerbach (1929, trad. it. p. 78): «[Dante] ardì [...] rappresentare tutto il mondo terreno-storico, di cui era giunto a conoscenza, già sottoposto al giudizio finale di Dio e quindi già collocato nell'ordine divino, già giudicato, e non in modo tale che nelle singole figure, nella loro sorte escatologica finale, il carattere terreno fosse soppresso o anche soltanto indebolito, ma in modo da *mantenere il grado più intenso del loro essere individuale terreno-storico*, e da identificarlo con la sorte eterna».

I presupposti di questa grandiosa rappresentazione dell'umanità storica, che quasi coincide con un giudizio universale, si ritrovano in due aspetti della visione cristiana delle cose: la personalità e immortalità dell'anima, anzitutto (Ulisse *è* l'anima di Ulisse, e tale sarà e saprà di essere in eterno; si pensi alla diversa prospettiva che può offrire, ad esempio, l'idea virgiliana della reincarnazione delle anime, dopo mille anni di purificazione negli Inferi), ma anche la certezza che la vita terrena è il breve momento in cui si decide il destino eterno dell'individuo (questo il significato profondo di un verso come «[il] viver ch'è un correre alla morte», *Pg* 33, 54, facilmente fraintendibile in senso esistenzialistico dal lettore d'oggi). Il bene e il male, compiuti nella vita terrena, decidono – e quindi, in un certo senso, anticipano – il bene e il male eterni; di converso, il bene e il male eterni prolungano in un certo senso il bene e il male terreni. Così che, ad esempio, il tormento eterno di Francesca è, fantasticamente, il suo stesso terreno tormento sensuale, solo spogliato dal velo di piacere in cui stava avvolto. E la santità celeste di Cacciaguida è, in poesia, la sua stessa terrena nobiltà di cittadino e di cavaliere (*Pd* 15, 134-148):

e nel'antico vostro Batisteo
insieme fui cristiano e Cacciaguida.
  Moronto fu mio frate ed Eliseo;
mia donna venne a me di Val di Pado;
e quindi il sopranome tuo si feo.
  Poi seguitai lo 'mperador Currado;
ed el mi cinse dela sua milizia,
tanto per bene ovrar li venni in grado.
  Dietro li andai incontro alla nequizia
di quella legge [l'Islam] il cui popolo usurpa,
per colpa de' pastor, vostra giustizia.
  Quivi fu' io da quella gente turpa
disviluppato dal mondo fallace,
lo cui amor molt'anime deturpa;
  e venni dal martiro a questa pace.

Francesca e Cacciaguida sono *pensati* da Dante come anime «post mortem», ma sono da lui *sentiti* e *rappresentati* come viventi. È questo il «realismo» di Dante: «L'aldilà diventa teatro dell'uomo e delle sue passioni» (Auerbach, 1946, trad. it. p. 219).

5.2. La funzione "personaggio"

In questa prospettiva, la *Commedia* ricrea, nella letteratura di lingua italiana, la funzione letteraria detta "personaggio" – la rappresentazione dell'umano sotto la forma di individuo determinato. Il solo punto di riferimento costruttivo che possa valere è l'*Eneide*, con i suoi Enea, Didone, Turno; ma i risultati sono assai diversi. Il principio del personaggio dantesco resta pur sempre, in senso molto più stretto di quanto non accada in Virgilio, l'esemplarità etica. E questo è anche il suo tratto più evidente: l'unico rilevato, infatti, dall'*Epistola a Cangrande*, quando definisce il «modus tractandi» del poeta come «exemplorum positivus». Al grado minimo, il personaggio dantesco è un nome inserito in una casella della struttura morale – vale a dire un nucleo di verità storica «giudicato», nel senso suggerito dall'Auerbach: «Vedi Paris, Tristano...», «Vedi oltre fiammeggiar l'ardente spiro / d'Isidoro...». Al grado massimo della complessità, si trovano i tre soli personaggi *dinamici*, che si sviluppano e svolgono – in stretto rapporto fra loro – nel corso del poema: il Viaggiatore-Narrante («Dante»), Virgilio e Beatrice.

In «Dante» si verifica un'autentica e profonda conversione, dalla disperazione (*If* 1, 54) alla più alta speranza («La Chiesa militante alcun figliuolo / non ha con più speranza...», *Pd* 25, 52-53), dal torpore amaro del peccato all'estasi nella visione di Dio, attraverso i vari gradi dell'angoscia, del timore, della fiducia, della franchezza, della gioia (cfr. PAR. 1.2). Ogni tratto del viaggio, ogni situazione morale, si riflette in un approfondimento introspettivo, talvolta più marcato perché più acuto è il contatto fra la storia interna del personaggio e il contesto: si pensi allo svenimento per «la pietà d'i due cognati», nel cerchio dei lussuriosi; si pensi alla meditazione sull'ingegno e la virtù in *If* 26, 19-24. A un carattere del personaggio-protagonista, il suo illimitato entusiasmo di discente, si deve poi il particolare tono poetico che anima le pagine d'impegno dottrinario (*Pd* 24, 46-49):

> Sì come il baccialier [giovane studioso] s'arma e non parla
> fin che 'l maestro la question propone,
> per approvarla, non per terminarla,
> così m'armava io d'ogne ragione...

Il viaggio di Virgilio non può tradursi in mutamento interiore, per un'ovvia ragione strutturale (egli è pur sempre un dannato), che corrisponde d'altro canto a una sana intuizione artistica (a un personaggio in viaggio di formazione, si affianca un aiutante che ha già pieno possesso di sé). Nella sequenza dei colloqui con D. e degli incontri con i "funzionari" infernali, con i dannati e con gli spiriti del Purgatorio, Virgilio dispiega il pathos di una figura paterna, sollecita, saggia, animosa, non però giganteggiante d'eroismo, anzi umanamente capace di fuggevoli scoramenti e moti d'ira (*If* 8, 118-119: «Li occhi ala terra e le ciglie avea rase / d'ogni baldanza...»; cfr. anche 23, 139-148), ingenuità da poeta e relativi rimorsi – come avviene quando s'abbandona anche lui al canto di Casella e partecipa del conseguente rimprovero di Catone agli «spiriti lenti» (*Pg* 3, 7-13):

> El mi parea da sé stesso rimorso:
> o dignitosa coscienza e netta,
> come t'è picciol fallo amaro morso!

Quando li piedi suoi lasciar la fretta,
che l'onestade ad ogn'atto dismaga,
la mente mia, che prima era distretta,
lo 'ntento rallargò...

Beatrice, infine, è un'anima miracolosamente e provvidenzialmente sottratta all'atemporalità della visione beatifica, perché soccorra «quei che l'amò tanto». I modi della sua presenza, nelle tre cantiche, rispecchiano dunque la situazione morale del protagonista. Nel suo breve *descensus* al Limbo, mentre Dante è sopraffatto dalla lupa, Beatrice piange per la compassione. Nell'Eden, riappare in un fulgore di bellezza («...dentro una nuvola di fiori [...] sovra candido vel cinta d'uliva / donna m'apparve, sotto verde manto / vestita di color di fiamma viva», *Pg* 30, 28-33) che è ardore di santità, e perciò, prima, aspra accusa del peccato («Dante, perché Virgilio se ne vada, / non pianger anco, non pianger ancora; / che pianger ti convien per altra spada», vv. 55-57), poi abbraccio fraterno («e sarai meco sanza fine cive / di quella Roma onde Cristo è romano», 32, 101-102). Durante il viaggio celeste, infine, Beatrice è maestra e «duce» – nel ruolo lasciato da Virgilio – ma soprattutto realtà d'amore, sguardo e sorriso, di grado in grado più intensi, fino all'ineffabile (*Pd* 30, 25-33):

...come sole in viso [vista] che più trema,
così lo rimembrar del dolce riso
la mente mia da me medesmo scema.
Dal primo giorno ch'i' vidi il suo viso
in questa vita, infino a questa vista,
non m'è il seguire al mio cantar preciso [troncato]:
ma or convien che mio seguir desista
più dietro a sua bellezza, poetando,
come all'ultimo [l'estremo limite] suo ciascuno artista.

In ognuno dei tre, la cellula di esemplarità originata dalla struttura allegorica (Dante/umanità *in via*, Virgilio/ragione naturale, Beatrice/verità rivelata) si è risolta nella compiuta fisionomia di un personaggio in azione, sintesi individuata e inconfondibile di profilo morale, motivazione psicologica ed emozioni. La lettura moderna di Dante nasce, col De Sanctis (1870; ed. 1958 p. 187), dalla comprensione critica di questo punto essenziale: «e Virgilio è Virgilio, e Beatrice è Beatrice, e Dante è Dante, e se di alcuna cosa ci dogliamo, è quando il secondo senso vi si ficca dentro e sconcia l'immagine e guasta l'illusione».

Con una "formula" interpretativa non dissimile andranno esaminati anche gli altri personaggi del poema (sono più di trecento). Essi, però, non potevano ricevere uno svolgimento progressivo o esplicativo perché la struttura consente loro di presentarsi una volta sola. Di qui la necessità del ritratto, che, a seconda dei casi, si traduce nel mero giudizio o in un'azione isolata e concentrata («Guarda quel grande che vène / e per dolor non par lagrima spanda: / quanto aspetto reale ancor ritene! / Quelli è Iasòn...», *If* 18, 83-86) o in un racconto nel racconto.

5.3. Francesca

L'azione e l'intervento del personaggio dantesco sono sempre inseriti in una "scena", costruita e animata con effetti che possono raggiungere una notevolissima potenza drammatica. Si pensi almeno agli episodi più incisivi, come nel x dell'*Inferno* l'intervento di Farinata *ex abrupto*, e l'improvvisa apparizione di Cavalcante («Allor surse...»), o nel XX dell'*Inferno* il «nuovo ludo» tra Ciampòlo e i Malebranche; ma anche *Pg* 6, 71-73 («...e 'l dolce duca incominciava / "Mantoa..." e l'ombra, tutta in sé romita [è Sordello] / surse ver lui...») o *Pg* 30, 49 («...volsimi alla sinistra [...] ma Virgilio n'avea lasciati scemi») ecc. Per questa tecnica "teatrale", mediatore fra il dramma antico e Dante è, come sempre, Virgilio, che dalla tragedia aveva mutuato «la ricerca di ritmi vigorosi, l'enfasi con cui sono scanditi i momenti decisivi, la costruzione "per scene" delle singole azioni [...] la tendenza agli effetti sorprendenti, la messa a fuoco dei particolari con contrasti e amplificazioni [...] [il predominio della] principale emozione tragica, la compassione...» (Heinze, 1903, trad. it. pp. 505-6). Non banalmente, dunque, si userà una terminologia drammaturgica quando si dirà che il primo dei grandi episodi della *Commedia* ha per "protagonista" Francesca – che gli antichi glossatori ci dicono figlia di Guido «il vecchio» da Polenta, amante del cognato Paolo e con lui assassinata dal marito Gianciotto Malatesta. Nel secondo cerchio dell'Inferno, i «peccator carnali» sono trascinati da una bufera senza fine (5, 28-33):

Io venni in loco d'ogni luce muto,
che mugghia come fa mar per tempesta
se da contrari venti è combattuto.
La bufera infernal, che mai non resta,
mena li spirti con la sua rapina:
voltando e percotendo li molesta.

In questo caso, come è del tutto evidente, l'autore ha volto in azione («di qua, di là, di giù, di sù li mena») la metafora lirica della tempesta passionale, e specialmente erotica. Virgilio addita e nomina un gran numero di «donne antiche e cavalieri» – insomma l'intero mondo del romanzo d'amore medievale e dell'epos antico riletto, come accadeva, in tonalità romanzesca. D., il personaggio attraverso il cui punto di vista sempre il lettore riceve l'indirizzo patetico delle situazioni, prova «pietà», ossia dolore, dinanzi a tanta umanità precipitata nel peccato e nella pena; alla fine del canto, il suo smarrimento giungerà al deliquio. Il riflesso della situazione è così intenso su di lui, anzitutto perché il viaggio è appena agli inizi e non ancora del tutto sciolta è quindi l'angosciosa demoralizzazione della «selva»; ma anche perché l'esperienza del peccato d'amore lo coinvolge profondamente, se non altro come consapevolezza d'aver partecipato d'una cultura letteraria troppo indulgente ai diritti della passione.
Nello stormo dei lussuriosi, nella «schiera ov'è Dido», si distingue una coppia: un uomo e una donna che vanno insieme e «paion sì al vento esser leggieri», ombre senza peso nella tormenta irresistibile. Poiché D. si rivolge loro con un grido «affettuoso», essi gli si avvicinano «quali colombe dal disio chiamate» – immagine di eleganza e tensione sensuale che sorprende, nell'atmosfera infernale, ma prepara bene al discorso della donna (*If* 5, 88-93):

O animal grazioso e benigno
che visitando vai per l'aere perso [oscuro]
noi che tignemmo il mondo di sanguigno,
se fosse amico il Re dell'universo,
noi pregheremmo lui della tua pace,
poi c'hai pietà del nostro mal perverso.

Francesca dà al suo racconto una cadenza anaforica che, mentre si appella all'autorità di versi famosi («Al cor gentil rimpaira sempre Amore...»), vorrebbe fare di «Amor» l'unico soggetto attivo della triste vicenda (vv. 100-106):

Amor, ch'al cor gentil ratto s'apprende,
prese costui dela bella persona
che mi fu tolta: e 'l modo ancor m'offende.
Amor, ch'a nullo amato amar perdona,
mi prese del costui piacer sì forte,
che, come vedi, ancor non m'abbandona.
Amor condusse noi ad una morte...

Francesca si sa "offesa", senza rimedio, dalla sua trasgressione, ma non possiede autentica coscienza del peccato commesso. In questo, la premessa strutturale (per cui il dannato, non potendo in nessun senso "progredire", non può conseguire un'autentica conoscenza di sé: la sua "verità" resta solo psicologica, ossia parziale) si scioglie nella situazione poetica: un cuore che sente l'amore come una realtà assoluta. Certo, nella morale dantesca, i dannati non possono per davvero "amare" (su questo piano, la coppia Francesca-Paolo è anzi esattamente antitetica a quella Beatrice-Dante). Ma ciò che Francesca ha chiamato e chiama "Amore" non è mai stato altro che ardore estremo dei sensi e, come tale, continua a vivere nel personaggio («questi che mai da me non fia diviso»), anche quando il piacere e le "belle persone" sono solo un doloroso ricordo («Nessun maggior dolore / che ricordarsi del tempo felice / nella miseria...», con l'avvertenza che, in queste parole di Francesca, «tempo felice» è la vita terrena tutta quanta, a paragone con la «miseria» della dannazione). Come Paolo – che, accanto a lei, tace e piange (v. 140: straordinario tocco di realismo patetico) –, Francesca è un «cuore gentile», uno spirito che natura ed educazione volgevano alla dignità, alla cortesia e alla bellezza. Non ha però saputo distinguere e ordinare bellezza morale, bellezza dell'arte («Noi leggiavam un giorno, per diletto, / di Lancialotto come amor lo strinse») e bellezza dei corpi; e quest'ultima ha vissuto come una suprema verità capace di ridurre a sé ogni altro bene (vv. 133-138):

Quando leggemmo il disiato riso
esser basciato da cotanto amante,
questi, che mai da me non fia diviso,

la bocca mi basciò tutto tremante.
Galeotto fu il libro e chi lo scrisse:
quel giorno più non vi leggemmo avante.

(Il verso che rammenta Galeotto è stato tradìto dalla trasformazione in proverbio, comico e ammiccante; ma, pur nell'allusività letteraria, ha invero il tono elegiaco della terzina cui appartiene.) L'insistenza di Francesca sulla mediazione del libro e della lettura rivela ancora lo sforzo di respingere o diminuire la responsabilità personale del peccato (cfr. PAR. 4.5). E tuttavia non si deve negare che, attraverso l'autodifesa della gentildonna riminese, Dante dia un giudizio etico negativo sulla letteratura che celebra l'eros e i suoi miti, sia in forme liriche, sia in forme romanzesche. Lo stesso svenimento del pellegrino, alla fine del canto («...di pietade / io venni men, così com'io morisse, / e caddi come corpo morto cade»), sottolinea forse la constatazione che il «folle amore» (*Pd* 8, 2), il turbinoso desiderio del sesso, non è soltanto un appassionante fantasma letterario, ma anche un'autentica tragedia esistenziale, in cui tanti uomini e donne di "cuore gentile" hanno perduto sé stessi.

5.4. Farinata e Cavalcante

Il peccato dell'eresia, il rifiuto di accettare gli insegnamenti della Chiesa, non potrebbe figurare, nello schema aristotelico che sottostà all'ordinamento infernale, se Dante non ne estendesse la nozione fino a comprendervi il «bestiale» rifiuto di un'evidentissima verità di ragione come l'immortalità dell'anima; e a coloro che, prima o dopo Cristo, hanno professato tale negazione, «stoltissima, vilissima e dannosissima» (*Cv* II 8, 8), dedica appunto la sua cura. Durante l'attraversamento del «cimitero» in cui giacciono «con Epicuro tutti suoi seguaci / che l'anima col corpo morta fanno» (*If* 10, 14-15), brevi parole rivolte a Virgilio da D. lo rivelano fiorentino a due fiorentini che lì si dannano.
Il primo di essi si annunzia con un'apostrofe, nobilmente ordinata («O tosco, che per la città del foco / vivo ten vai...», vv. 22-23), e si manifesta in posa statuaria: diritto in piedi, «col petto e con la fronte» (v. 35) sporti dall'arca infocata in cui è sepolto, con lo sguardo fiero e severo, «co-

m'avesse l'inferno a gran dispitto» (v. 36). Tutto ci dice che quell'uomo è stato nel mondo, e quindi continua a essere nel suo carcere eterno, un «magnanimo» (v. 73), degno d'onore e cosciente della dignità sua, abituato a dominare ferreamente le passioni nella buona e nella cattiva fortuna. E difatti egli è un capo, il capo dei ghibellini di Firenze, Manente degli Uberti, detto Farinata, che batté due volte i guelfi, nel 1248 e nel 1260 («...per due fiate li dispersi», v. 48). Ma, poco dopo la sua morte, la parte ghibellina fu sconfitta («S'ei [i guelfi e, tra loro, gli Alighieri] fur cacciati – dice D. – ei tornar d'ogni parte [...] ma i vostri non appreser ben quell'arte», vv. 49-51) e la famiglia Uberta, come più esecrata fra tutte, scacciata, e quindi sempre esclusa da ogni clemenza. La vera pena di Farinata non è il fuoco, ma l'umiliazione politica («S'elli han quell'arte [...] male appresa, / ciò mi tormenta più che questo letto», vv. 77-78) e, più nel profondo, l'oppressione dell'odio, per il suo nome e per i suoi cari, da parte della patria tanto amata; evidente il punto di contatto fra il destino di Farinata e quello di Dante, reso esplicito dalla profezia che lo spirito enuncia («Ma non cinquanta volte fia raccesa / la faccia della donna che qui regge [Proserpina/Diana, ossia la Luna], / che tu saprai quanto quell'arte pesa», vv. 79-81), e determinante il sentimento dell'incontro. Farinata dunque chiede ragione al fiorentino vivente, e ne ha ferma e amara risposta: «Lo strazio e 'l grande scempio / che fece l'Arbia colorata in rosso, / tal orazion fa far nel nostro tempio» (vv. 85-87). Qui parla il personaggio, che vuol essere il Dante del 1300, uomo di parte guelfa; ma il Dante che scrive l'*Inferno* ha conquistato un altro punto di vista, e la lotta civile tra i fiorentini gli appare in una luce diversa, e in una luce diversa gli appare anche il nemico leggendario dei suoi avi, infine meritevole di una difesa (vv. 89-93) che preluda a un giudizio più equo: «Poi ch'ebbe sospirando il capo mosso» (l'impassibile ha dunque un fremito)

> «A ciò non fu' io sol», disse, «né certo
> sanza cagion con li altri sarei mosso.
>   Ma fu' io solo, là dove sofferto [concesso]
> fu per ciascun di tòr via Fiorenza,
> colui che la difesi a viso aperto».

Solo e a viso aperto, con lo sguardo fulminante e la schiena diritta, nel male come nel bene, nella Città dei diavoli come nel conciliabolo ghibellino di Empoli: questo è Farinata. Perciò non è plausibile che, nelle prime sue parole (vv. 22-27), nelle parole con cui egli si presenta e chiede ascolto, l'accento batta su una nota di scusa (o di mezza scusa, che sarebbe anche peggio):

> La tua loquela ti fa manifesto
> di quella nobil patria natìo,
> ala qual forse fui troppo molesto.

E invero l'espressione ha, come suggerito dal Ronconi (1964, pp. 28-9), una sfumatura di «doloroso stupore»: «alla quale riuscii forse molesto troppo più di quanto non meritassi» (Dante ricalca un'espressione biblica, da Michea 6,3: «Popule meus [è Dio che parla], quid feci tibi, aut quid molestus fui tibi?»). Questo è il rovello dell'Uberti, e questo gli viene subito alle labbra quando ode la voce d'un concittadino, e si leva dal sepolcro. Nulla, a rigore, in ciò che Farinata dice, appare specificamente connesso all'eresia «epicurea». Quel che di solito si osserva, circa l'orizzonte esclusivamente terreno in cui sta chiuso l'animo del vecchio ghibellino, non è sbagliato, ma vale in sostanza per tutti i personaggi dell'*Inferno*.

Il nesso tra l'occasione strutturale e il pathos del canto meglio s'intende grazie al secondo personaggio, che interrompe il dialogo tra D. e l'Uberti a metà dell'episodio (vv. 52-72). Levatosi sulle ginocchia, guarda con ansia se alcuno accompagni il viaggiatore d'Oltretomba e poi, dolorosamente deluso, piange chiedendo nuove del figliuolo:

> Allor surse ala vista scoperchiata
> un'ombra, lungo questa, infino al mento:
> credo che s'era in ginocchie levata.
> D'intorno mi guardò, come talento
> avesse di veder s'altri era meco;
> e, poi che il sospecciar fu tutto spento,
> piangendo disse: «Se per questo cieco
> carcere vai per altezza d'ingegno,
> mio figlio ove è? perché non è ei teco?»

Cavalcante de' Cavalcanti ha pensato che D. stia compiendo il suo viaggio «per altezza d'ingegno», cioè per sola virtù d'intelletto, e ha quindi sperato che con lui ci fosse anche Guido, il più grande filosofo di Firenze. D. spiega, indicando Virgilio (vv. 61-63):

> ... «Da me stesso non vegno:
> colui ch'attende là per qui mi mena
> forse cui Guido vostro ebbe a disdegno».

Usa il passato remoto *ebbe* perché, con il pensiero, è riandato al punto temporale del dissenso e della separazione sua da Guido (non occorre ora approfondire la questione, che sarà ripresa più avanti: cfr. PAR. 7.2); ma Cavalcante intende, da quel verbo, che Guido è morto (vv. 67-72):

> Di subito drizzato gridò: «Come?
> dicesti elli ebbe? non viv'elli ancora?
> non fiere gli occhi suoi il dolce lume?»
> Quando s'accorse d'alcuna dimora
> ch'i' faceva dinanzi ala risposta,
> supin ricadde e più non parve fora.

Il breve silenzio di D. suona conferma della morte di Guido, e il padre crolla. Entra qui una sottile invenzione strutturale, per cui Dante, avendo assegnata ai dannati una precognizione del futuro, finge pure che essa svanisca quando gli eventi «s'appressano o son»; di conseguenza, Cavalcante può "vedere", nel futuro lontano, Guido già morto, ma non sa che cosa sia di lui nel momento presente e nel futuro prossimo (Guido morirà nell'agosto del 1300). In effetti, l'una invenzione strutturale serve soltanto a elidere l'altra, perché non disturbi la rappresentazione del più grande dolore che possa colpire l'uomo: la morte del figlio. Cavalcante ne è schiantato, perché non sa di altra vita, oltre a quella che i raggi del sole dolcemente accarezzano. Con paradosso solo apparente, egli resta prigioniero del suo errore anche dopo che l'eterna condanna glielo ha rivelato per tale. Più che il letto di fiamme, proprio questo è il supplizio dei miscredenti: prigionieri nella vita mondana come in un'arca di pietra, ne sentono disperatamente l'inevitabile sconfitta, in sé stessi e – come accade sia a Cavalcante, sia a Farinata – nei figli, amati come carne della propria carne e sangue del proprio sangue, ma sempre solo come carne e sangue mortali. Questo solo, cioè carne mortale, sarebbe l'uomo, se non avesse dinanzi a sé la speranza di un'altra vita; e davvero – pensa Dante – «se la nostra speranza fosse vana, maggiore sarebbe lo nostro difetto che di nullo altro animale» (*Cv* II 8, 8).

5.5. Pietro delle Vigne

Si indicò a suo tempo, fra le caratteristiche del personaggio dantesco, il suo esser colto "in azione", che vuol dire colto in un caratteristico nesso concreto con la scena («...quei due che [...] paion sì al vento esser leggieri», *If* 5, 74-75; «ed el s'ergea col petto e con la fronte», 10, 35). La scena è di volta in volta plasmata dal poeta in correlazione al tema morale dell'episodio (un dato cerchio infernale, una data cornice purgatoriale o, in modo più rarefatto, una data sfera celeste); tanto da potersi dire che il suggerimento etico agisca due volte sulla forma del personaggio, attraverso la scena e attraverso il vissuto, dall'esterno e dall'interno.
Questo nesso tra personaggio e scena si presenta in modo particolarissimo, ossia come totale fusione, nel canto dei suicidi (*If* 13), dove è in primo piano Pietro delle Vigne (Dante, che non ne fa mai il nome, lo avrà pensato toscanamente come "Piero"): cancelliere e protonotaro dell'imperatore Federico II, fu accusato di tradimento e rinchiuso in un carcere pisano, dove si uccise (1249). Oltre che autore di qualche poesia "siciliana", era stato un grandissimo scrittore di prosa latina, cultore e innovatore dello stile detto "romano". Richiamare la statura intellettuale di Pietro è qui strettamente necessario a predisporre il lettore all'impressionante contrasto fra essa e la rappresentazione del dannato. La scena del XIII canto si presenta infatti misteriosamente vuota di presenza umana: una maremma aspra e folta, fosca e stecchita, dove s'annidano Arpìe repellenti (vv. 4-10):

> Non fronda verde, ma di color fosco;
> non rami schietti, ma nodosi e 'nvolti;
> non pomi v'eran, ma stecchi con tòsco [avvelenati].
> Non han sì aspri sterpi né sì folti
> quelle fiere selvagge che 'n odio hanno
> tra Cecina e Corneto i luoghi cólti [coltivati].
> Quivi le brutte Arpìe lor nidi fanno...

Si odono «d'ogne parte [...] guai», senza che se ne scorgano le fonti. Quando, per suggerimento di Virgilio, D. svelle un rametto «da un gran pruno», un grido di dolore – «Perché mi schiante?» – svela che nella forma degli «sterpi» si celano in realtà anime d'uomo. Come si sa, la pianta animata e il modo della rivelazione sono idee virgiliane (episodio di Polidoro in *Eneide* III 22-49); Dante vi allude anche con citazioni verbali («...la tua man più pia» viene da «parce [...] pias manus» ecc.) ma dà alla metamorfosi la funzione, del tutto assente nel modello, di simbolizzare il rifiuto del corpo umano da parte del suicida. Questi si illude di guadagnare l'oblìo cancellando la coscienza di sé, mentre si danna colpendo quel corpo che Dio ha modellato a propria «immagine e somiglianza», improntandolo di bellezza spirituale, e che è destinato alla resurrezione e all'eternità. La descrizione del tronco parlante è orrorosa («sì della scheggia rotta usciva insieme / parole e sangue...», *If* 13, 43-44) ed efficacissima nel trasmettere a chi legge il senso di un disagio, di un oscuro ribrezzo, di una dissimmetria sostanziale («E 'l *tronco*: "[...] *Io* son colui che tenni..."», vv. 55-58) sottostante alle ricercate simmetrie oratorie di Pietro.

Lo sventurato cancelliere è stato convinto a parlare con la promessa, da parte di Virgilio, che il pellegrino vivente rinnoverebbe poi la sua fama «nel mondo sù». E Pietro intreccia nel suo discorso il motivo apologetico – il giuramento solenne di innocenza dalle accuse di infedeltà al sovrano – con l'analisi del gesto suicida. In lui e per lui, parla il senso del dovere, anzi l'entusiasmo di chi serve il più alto dei valori mondani (vv. 62-63: «fede portai al glorioso offizio, / tanto ch'i' ne perde' li senni [i sensi] e ' polsi [il battito cardiaco]», insomma: "ne perdei la vita"). Ma pur traspare il compiacimento orgoglioso per la posizione personale raggiunta, nella luce riflessa dal potere (vv. 58-63):

> Io son colui che tenni ambo le chiavi
> del cor di Federigo, e che le volsi,
> serrando e diserrando, sì soavi
> che dal secreto suo quasi ogn'uom tolsi.

Sembra questa la fenditura psicologica che, sotto l'urto della sfortuna, ha provocato il cedimento. Un sentimento misto di prestigio umiliato, dedizione delusa, integrità offesa, disprezzo di sé e orrore del disprezzo altrui – è quanto Dante chiama con profonda intuizione il «disdegnoso gusto», il piacere amarissimo di chi si sopprime (vv. 64-72):

> La meretrice che mai dal'ospizio
> di Cesare non torse li occhi putti [l'invidia, che non distrae mai lo sguardo maligno dalla casa dell'imperatore],
> morte comune e dele corti vizio,
> infiammò contra me li animi tutti;
> e li 'nfiammati infiammar sì Augusto,
> che ' lieti onor tornaro in tristi lutti.
> L'animo mio, per disdegnoso gusto,
> credendo col morir fuggir disdegno,
> ingiusto fece me contra me giusto.

Nell'ultimo verso non sarà da leggere una postuma presa d'atto della violazione commessa (presa d'atto strutturalmente non plausibile), ma la doppiezza intrinseca a una coscienza che decade fino al suicidio, atto in cui autodistruzione e vittimismo, odio e culto di sé sono indissolubili.

5.6. Ulisse

Anche i consiglieri di frode sono puniti in un modo che sottrae alla vista la loro forma umana (*If* 26, 31-42):

> di tante fiamme tutta risplendea
> l'ottava bolgia [...]
> tal si move ciascuna per la gola
> del fosso, che nessuna mostra il furto [quel che avvolge],
> e ogni fiamma un peccatore invola.

Per loro, la fantasia del poeta ha scelto non una forma vegetale, come per i suicidi, o animale, come per i ladri, ma la parvenza d'un elemento, il fuoco, che unisce a larghe suggestioni simboliche (il fuoco è la pena infernale per eccellenza, ma il suo irresistibile moto verso l'alto è anche l'immagine prima del desiderio, dell'«ardore» sensuale o, come qui al v. 97, intellettuale) una potente fascinazione visiva. Il consigliere di frode è un bagliore nel buio, nient'altro che una «lingua» di fuoco – quasi visibile essenza di quel «dire» che, se l'ingegno non è guidato da virtù (cfr. vv. 21-22), è fatto primo strumento della frode (vv. 85-90):

> Lo maggior corno della fiamma antica
> cominciò a crollarsi mormorando,
> pur come quella cui vento affatica;
> indi la cima qua e là menando,
> come fosse la lingua che parlasse,
> gittò voce di fuori e disse...

Protagonista del XXVI canto, come si sa, è Ulisse, la cui vicenda Dante conosce attraverso le sole fonti latine, ed entro certi limiti ritiene "storica" quanto quella di Enea. Ulisse è punito insieme con Diomede, avendo tramato ed eseguito insieme con lui gli inganni per i quali è dannato, primo fra tutti «l'agguato del caval» che decise la guerra di Troia. Natura e fattispecie del peccato di Ulisse vanno intese con precisione, perché da esse l'ultimo viaggio dell'eroe si mantenga ben distinto. La coerenza del personaggio non risiede infatti nella sua cellula di esemplarità morale (l'astuto ingannatore del nemico: spietato e sleale, dunque, non però mentitore – come Sinone – né traditore), ma in un dato psicologico: la curiosità intelligente, che Dante ha enucleato, per i suoi fini, dall'*incipit* dell'*Odissea*: «Dic mihi, Musa, virum, captae post tempora Troiae / qui mores hominum multorum vidit et urbes», come lo traduce Orazio nell'*Ars poetica* (raccontami, o Musa, dell'uomo che conobbe usanze e città di molti uomini, dopo la conquista di Troia). (Senza dire che, dallo stesso Orazio, Ulisse è presentato come «exemplar» di virtù e sapienza [*Epistole* I, II 17-18] e che nel Medioevo il nome suo addirittura si etimologizzava come «*olonsenos* [...] id est *sapiens*» [Bernardo Silvestre].)
Questa intelligenza penetrante e inquieta si presenta nel peccato come «ingegno» e astuzia multiforme; nei viaggi, come sete di conoscenza. Per capire l'Ulisse dantesco bisogna dunque riandare alle prime parole del *Convivio*: «Sì come dice lo Filosofo nel principio dela Prima Filosofia, tutti li uomini naturalmente desiderano di sapere». Finite le guerre ed esauritisi gli allettamenti del senso («Quando / mi dipartì da Circe...»), il desiderio naturale di sapere insorge in Ulisse come il più forte impulso esistenziale, che «vince» ogni altro sentimento,

compresi i vivissimi: dolcezza di figlio, «pietà» del vecchio padre, amore «debito» a Penelope; per dirla ancora con il *Convivio* (I 1, 4): «la cura familiare e civile, la quale convenevolmente a sé tiene deli uomini lo maggior numero». Ma Ulisse non è del «maggior numero»; eroe dell'esperienza, insegue la cognizione del bene e del male: «...ardore / [...] ebbi a divenir del mondo esperto / e delli vizi umani e del valore». E (vv. 100-109)

...misi me per l'alto mare aperto
sol con un legno [vascello] e con quella compagna [compagnia]
picciola dala qual non fui diserto.
L'un lito e l'altro vidi infin la Spagna,
fin nel Morrocco, e l'isola d'i sardi,
e l'altre che quel mare intorno bagna.
Io e ' compagni eravam vecchi e tardi
quando venimmo a quella foce stretta
dove Ercule segnò li suoi riguardi [avvertimenti]
acciò che l'uom più oltre non si metta...

Percorrendo l'intero mondo abitato – invecchiando insieme con la «compagna / picciola» che, affascinata dal suo «ardore», non lo ha abbandonato – perviene alla sommità della consapevolezza. La dottrina sintetizzata nella decisiva orazione ai compagni – «fatti non foste a viver come bruti, / ma a perseguir virtute e canoscenza» – è puro *Convivio*, ossia pura verità aristotelica («manifesto è che vivere neli animali è sentire – animali, dico, bruti –, vivere nell'uomo è ragione usare», *Cv* IV 7, 11; gli atti della ragione sono appunto l'operazione virtuosa e la scienza, la quale «è ultima perfezione dela nostra anima, nela quale sta la nostra ultima felicitade», I 1, 1). Il dramma si produce quando questa stessa suprema verità si scopre insoddisfatta di sé, insufficiente a sé. Giunto «dove Ercule segnò li suoi riguardi», ossia l'avvertimento ai naviganti di non arrischiarsi fuori del mondo abitato, Ulisse si accorge che la sete naturale di conoscenza non è affatto saziata e gli indica un nuovo oggetto, concepibile soltanto come «mondo sanza gente», come spazio vuoto (*If* 26, 112-126):

«O frati – dissi – che per cento milia
perigli siete giunti al'occidente,

a questa tanto picciola vigilia [veglia]
d'i nostri sensi ch'è del rimanente
non vogliate negar l'esperienza,
di retro al sol, del mondo sanza gente.
Considerate la vostra semenza:
fatti non foste a viver come bruti,
ma a perseguir virtute e canoscenza».
Li miei compagni fec'io sì aguti,
con questa orazion picciola, al cammino
ch'a pena poscia li avrei ritenuti;
e, volta nostra poppa nel matino [verso est],
de' remi facemmo ali al folle volo,
sempre acquistando dal lato mancino [cioè, in direzione sud-ovest, verso il punto della Terra antipode a Gerusalemme].

Dalle sue fonti, Dante sapeva vagamente di un viaggio dell'eroe greco agl'Inferi o «in extrema Oceani parte» (Servio). Ma la condizione del suo personaggio dinanzi all'Oceano vuoto sarà piuttosto da avvicinarsi a quella «di Aristotile e di Plato / e di molt'altri», i quali, giunti all'estremo della verità di ragione, hanno scoperto in sé stessi un «disìo» impossibile da «quetare». Ora, in questo Ulisse c'è il Dante che ripensa e modifica le tesi del *Convivio* (cfr. PAR. 4.1). Mentre il cristiano Dante sa, dalla Rivelazione, che il suo desiderio di conoscenza verrà saziato dalla visione eterna di Dio, il pagano Ulisse è sospinto dal medesimo desiderio in una direzione giusta – verso il monte dell'Eden – ma per una rotta che non può essere percorsa con «argomenti umani» (*Pg* 2, 31). «Folle» è dunque il «volo» d'Ulisse nell'Oceano; non lo è il viaggio ultraterreno di D. («temo che la venuta non sia *folle*», *If* 2, 35).
Il lungo viaggio straordinario, nell'Oceano vuoto, si presenta alla fantasia di Dante come un "notturno" (e forse, anche in questo caso, la scoperta poetica è favorita da una premessa simbolica: se la luce del Sole è la migliore immagine della grazia divina, la luce lunare può ben rappresentare il *lumen naturale*, che solo guida Ulisse) (vv. 127-135):

Tutte le stelle già dell'altro polo
vedea la notte, e 'l nostro tanto basso
che non surgea fuor del marin suolo;
cinque volte racceso e tante casso [cancellato]

lo lum' era di sotto dala luna,
poi che 'ntrati eravam nell'alto passo,
quando n'apparve una montagna, bruna
per la distanza: e parvemi alta tanto
quanto veduta non avea alcuna.

Il lettore della *Commedia* saprà, a suo tempo, che la montagna altissima è quella dell'Eden. Per Ulisse e i compagni è un'apparizione misteriosa, che premia fugacemente le fatiche della ricerca – ma insieme crea un nuovo interrogativo destinato a rimanere per sempre irrisolto (vv. 136-142):

Noi ci allegrammo, e tosto tornò [si mutò] in pianto;
che dela nova terra un turbo nacque
e percosse del legno il primo canto.
Tre volte il fé girar con tutte l'acque;
ala quarta levar la poppa in suso
e la prora ire in giù, com'altrui piacque,
infin che 'l mar fu sopra noi richiuso.

Finito nel naufragio, il volo d'Ulisse è stato «folle». Ma la "follia" dell'impresa – che Ulisse ha avuto il tempo di comprendere negli ultimi istanti, avvertendo il soffio di una possente necessità («...com'altrui piacque») – significa ricerca di un oggetto indisponibile, non già perversione, o trasgressione di un divieto di tipo legale. Il divieto all'uomo di rientrare nell'Eden non è infatti trasgredibile, e il naufragio in vista del monte, che concretizza l'assolutezza di tale divieto, non è propriamente un castigo, quanto un fallimento ineluttabile.

Dante non esalta né condanna la «sfida» ulissea, e neppure esalta condannando, come suggeriva Croce (1921; ed. 1922 p. 98), con l'additare un Ulisse «peccaminoso ma di sublime peccato». Rappresenta drammaticamente l'uomo inappagato dalla verità «que per phylosophos tota nobis innotuit». Nella coscienza ideologica dell'autore, questo inappagamento è «disio» del divino. Ma nel profondo, e quindi nella lunga durata del testo poetico, l'ardore di Ulisse è quello stesso del pensare che non può mai contentarsi del "già pensato", e a ogni costo l'oltrepassa.

5.7. Guido e Bonconte da Montefeltro (e i diavoli)

La cognizione del significato "morale" della *Commedia* è aiutata, come s'è detto, da un sistema di rinvii interni, riprese a distanza e collegamenti tematici. Non è casuale che gli esempi più evidenti di chiarimento a distanza leghino fra loro episodi dell'*Inferno* e del *Purgatorio*. L'impronta realistica, che domina la poesia di Dante, esclude infatti che i dannati possano avere piena coscienza del male commesso (che sarebbe comunque un superamento del male stesso, un "progresso" spirituale inconcepibile) e, di conseguenza, esclude che attraverso la soggettiva "verità" delle loro parole il lettore possa ricevere una compiuta lezione etica: questa infatti si perfezionerà nelle cantiche successive, e prima di tutto nel *Purgatorio*, che di fatto ripercorre l'esame dei vizi umani.

Un legame tematico molto preciso è quello che si registra fra le apparizioni di Guido da Montefeltro (*If* 27, 4 ss.) e di suo figlio Bonconte (*Pg* 5, 85 ss.): questo si è salvato grazie a un pentimento estremo, l'altro si è dannato per mancanza di pentimento. Come sempre accade nella *Commedia*, la realizzazione poetica trasfigura lo schema esemplaristico, pur serbando una certa specularità degli episodi. Guido patisce, come Ulisse, la pena dei consigliatori di frode. Ha inteso che Virgilio è lombardo, dalle ultime sue parole all'eroe greco («Istra [ora] ten va, più non t'adizzo [ìncito]»), e gli si rivolge sperando che, nuovo arrivato dal mondo dei vivi, possa recar notizie fresche (*If* 27, 25-28):

> Se tu pur mo' in questo mondo cieco
> caduto sè di quella dolce terra
> latina ond'io mia colpa tutta reco,
> dimmi se i romagnuoli han pace o guerra...

La fiamma in cui arde l'ombra del grande uomo d'arme, tessitore d'astuzie, è l'ossessione della vita terrena, col suo ritmo concitato di lotte e vittorie, di ansie e brevi tregue. Invece di Virgilio, D. gli risponde che, lassù in Romagna, il grande gioco della guerra è solo momentaneamente interrotto (vv. 37-39):

> Romagna tua non è, e non fu mai,
> sanza guerra ne' cuor de' suo' tiranni;
> ma 'n palese nessuna or vi lasciai.

A differenza di altri dannati, Guido non ha una fama da rivendicare al mondo; al contrario: i vivi lo presumono salvo, dopo che, al termine di una vita da «volpe», egli si ritirò in convento per fare ammenda. Perciò si rivela a D. soltanto perché lo crede un'ombra destinata a non uscire mai più dall'Inferno. E racconta come (nel 1297-98) dal suo ritiro lo distogliesse il «principe d'i novi Farisei», Bonifacio VIII, per chiedere il suo aiuto contro i Colonnesi fortificati in Palestrina. Guido taceva, per orrore dell'ebbra perversità di Bonifacio («che ciascun suo nimico era cristiano»). Ma quando il papa gli rammentò, con parole solenni, la sua autorità di «serrare e diserrare» la porta del cielo, e lo assolse in anticipo del consiglio frodolento («finor t'assolvo»), ebbe paura del peggio e cedette (vv. 108-111):

e dissi: «Padre, da che tu mi lavi
di quel peccato ov'io mo' cader deggio,
lunga promessa con l'attender corto
ti farà trionfar nell'alto seggio».

Seguìta poco dopo la morte, venne l'atroce scoperta che l'assoluzione preventiva non aveva nessun valore, perché (lo spiega benissimo il diavolo «loico») non può essere assolto chi non si pente, e non si può, insieme, volere e pentirsi, cioè volere e non volere, «per la contradizion che no 'l consente». Guido non poteva essere pentito del peccato nel momento in cui lo commetteva, e non se ne pentì dopo, perché se ne credeva già assolto. La colpa di Bonifacio è evidente e odiosa; ma l'immagine di Guido non è quella di una vittima innocente. Egli è convinto (v. 69) che, senza l'intervento del «gran prete», si sarebbe salvato; ma è lecito pensare che tale certezza sia una componente dell'odio e del rancore che, come aggravio di pena, lo tormentano. In realtà, nella paura che l'ira di Bonifacio potesse «serrargli» il Paradiso e nell'illusione che un'assoluzione senza pentimento potesse «diserrarglielo», bisogna vedere non tanto l'errore dottrinario, quanto l'incompiutezza della conversione morale, e forse l'abitudine mentale al calcolo degli «accorgimenti».

Il confronto con l'episodio parallelo suggerisce che il cedimento di Guido al potere del papa corrisponda a un'insufficiente fiducia nella divinità e insomma a una mancanza d'amore. Fiducia e amore che salvano

invece Bonconte. Sconfitto sul campo, fuggiasco, ferito e sanguinante, egli sente venir meno la vista e la parola, rivolge l'ultimo pensiero a Maria e chiude le braccia in croce sul petto (cfr. il testo in PAR. 4.6).
Il racconto di entrambe le vicende lascia notevole spazio a una singolare figura di complemento: il diavolo. La delicatezza del giudizio sulla sorte delle due anime è rappresentata da Dante, in guisa di sacra rappresentazione, come conflitto tra funzionari di Dio e funzionari di Satana. È un tratto "primitivo" (sullo sfondo c'è il contrasto fra l'arcangelo Michele e il diavolo per il «corpo» di Mosè, di cui riferisce l'*Epistola di san Giuda*, 9), che però consente interessanti sviluppi comici. Nel primo caso il diavolo prevale su san Francesco, con l'argomento già ricordato, e conclude con un motto beffardo (*If* 27, 112-123):

> Francesco venne poi, com'io fu' morto,
> per me; ma un d'i neri cherubini
> li disse: «Non portar, non mi far torto.
> Venir se ne dee giù tra ' miei meschini [schiavi],
> perché diede il consiglio frodolente,
> dal quale in qua stato li sono a' crini:
> ch'assolver non si può chi non si pente,
> né pentére e volere insieme puossi,
> per la contradizion che no 'l consente».
> Omè dolente! com' mal mi riscossi
> quando mi prese dicendomi: «Forse
> tu non pensavi ch'io loico fossi!».

Come a dire che, se alla spontaneità della coscienza morale si sostituisce il calcolo, il male vince sempre. Nel caso di Bonconte, al contrario, l'angelo di Dio prende l'anima, e al diavolo tocca uno scoppio di rabbioso disprezzo («Tu te ne porti di costui l'etterno / per una lacrimetta che 'l mi toglie», *Pg* 5, 106-107) e il vano sfogo consistente nello scempiare il corpo del morto – ciò che dà occasione al poeta anche per un bel quadro di tempesta. Quando, come in questi casi, i diavoli acquistano certe funzioni di personaggio, lo fanno attraverso una marcata umanizzazione che li riporta alla "maschera" del carceriere maligno e grottesco. Una schiera di siffatti figuri è quella dei Malebranche, i veri protagonisti di *If* 22, la cui stessa onomastica è un capolavoro di espressività: Malacoda, Scarmiglione, Alichino (antico francese *helequin*, "satana"; cfr. l'inglese *hell* ecc.), Calcabrina (d'incerta motivazione), Barbariccia, Cagnazzo, Draghignazzo, Ciriatto (da *ciro*, "porco"), Graffiacane, Libicocco (dai nomi di venti Libeccio e Scirocco), Rubicante (rosseggiante), Farfarello (avvicinabile a *farfar*, "folletto", in arabo).

5.8. Ugolino

Dante ha immaginato che fosse il gelo la pena fisica più adatta a rappresentare l'estrema degradazione dell'uomo nel peccato. Nelle zone del nono cerchio si assiste così a una specie di graduale cristallizzazione o fossilizzazione della figura umana, fino ai traditori dei benefattori, senza più nome, tutti immersi nel ghiaccio, da cui traspaiono «come festuca in vetro», immobilizzati in pose casuali (*If* 34, 13-15):

> Altre sono a giacere; altre stanno erte,
> quella col capo e quella con le piante;
> altra com'arco il volto a' piè rinverte.

Nell'Antenora, zona di chi ha tradito la patria o il partito, v'è ancora una minima possibilità di movimento, e tanto basta a dar concretezza a un tremendo spettacolo di violenza (*If* 32, 125-129):

> ...io vidi due ghiacciati in una buca,
> sì che l'un capo all'altro era cappello;
> e come 'l pan per fame si manduca [mangia],
> così 'l sovran [sovrastante] li denti all'altro pose
> là ove 'l cervel s'aggiugne con la nuca [con il midollo spinale]...

Così si entra nell'episodio che il poeta ha dedicato al più alto pathos dell'angoscia e dell'orrore: «e, se non piangi, di che pianger suoli?» (*If* 33, 42). Colui che s'è ridotto all'atto bestiale di far «pasto» del suo nemico è un morto per fame: il nobile pisano Ugolino della Gherardesca; l'altro è il suo assassino, l'arcivescovo Ruggieri degli Ubaldini. Sono entrambi rei, agli occhi di Dante, di tradimenti politici; ma lo specifico tema del peccato punito è, nell'episodio, totalmente trasfigurato nella rappresentazione del sentimento in cui l'umana vocazione all'amore conosce la perversione più radicale: l'odio (cfr. 32, 134). «L'uomo naturalmente è compagnevole animale» (*Cv* IV 4, 1); ma Ugolino è ormai tutto odio (*If* 33, 1-9):

La bocca sollevò dal fiero pasto
quel peccator, forbendola a' capelli
del capo ch'elli avea di retro guasto [devastato].
Poi cominciò: «Tu vuo' ch'i' rinovelli
disperato dolor che 'l cor mi preme
già pur [solo] pensando, pria ch'io ne favelli.
Ma, se le mie parole esser dièn [devono] seme
che frutti infamia al traditor ch'i' rodo,
parlare e lacrimar vedrai insieme».

In odio a Ruggieri accetta di narrare la storia dei suoi ultimi giorni; ed essa è appunto la storia di un atto di odio estremo, di cui Ugolino è stato vittima, con i suoi figli e nipoti. Prigionieri in una torre per ordine dell'arcivescovo, i Gherardesca vengono lasciati senza cibo fino alla morte. Ugolino racconta di come l'angoscia s'impadronisca degli sventurati dopo un sogno premonitore; di come lui stesso impietrisca nell'udire che la porta del carcere viene inchiodata; di come assista in orrido silenzio, per l'impotenza, all'agonia delle vittime innocenti (vv. 55-66):

Come un poco di raggio si fu messo
nel doloroso carcere, e io scòrsi
per quattro visi il mio aspetto stesso,
ambo le man per lo dolor mi morsi;
ed ei, pensando ch'i' 'l fessi [facessi] per voglia
di manicar, di sùbito levorsi [si alzarono]
e disser: «Padre, assai ci fia [sarà] men doglia
se tu mangi di noi: tu ne [ci] vestisti
queste misere carni, e tu le spoglia».
Queta'mi allor per non farli più tristi;
lo dì e l'altro stemmo tutti muti.
Ahi dura terra, perché non t'apristi?

Il conte amava i suoi cari, ma il lettore sente che l'atrocità della sopraffazione va tuttavia raggelando quel sentimento, e mutandolo in infinita, eterna capacità di odiare: «ambo le man per lo dolor mi morsi». Tra il quarto dì e il sesto, il conte vede cader morti uno a uno i suoi Gaddo,

Anselmuccio, Uguccione e Brigata. «...Ond'io mi diedi,» – racconta – «già cieco, a brancolar sovra ciascuno, / e due dì li chiamai, poi che fur morti. / Poscia, più che 'l dolor, poté 'l digiuno» (vv. 72-75). Dopo due giorni, la fame riuscì più potente del dolore, ossia poté uccidere Ugolino che all'estremo dolore era invece sopravvissuto. Della voce che i prigionieri avessero mangiato «l'uno [...] dele carni all'altro» (come scrive un cronista), Dante ha tenuto conto, quando fa che i giovani si offrano all'anziano. Ma non è necessario, secondo la lettera, e non è nemmeno probabile che il verso finale contenga un'allusione a tanto obbrobrio. L'ultimo grande episodio infernale è intonato letterariamente al versante più cupo dell'epos antico; Dante chiama Pisa «novella Tebe», ponendo mente al poema di Stazio da cui è tratta la prima similitudine che interessa Ugolino (32, 130-132):

> non altrimenti Tidèo si rose
> le tempie a Menalippo per disdegno,
> che quei faceva [rodeva] il teschio e l'altre cose.

5.9. Manfredi

I grandi ritratti individuali e i lunghi racconti nel racconto si addensano nella prima cantica: la concentrazione su di sé e la prigionia nel vissuto sono infatti caratteristiche strutturali del "dannato", ovvero caratteristiche psicologiche dell'uomo oppresso dal male. Tutt'altra la condizione delle anime in Purgatorio: soffrono, aspramente, la pena di un lento staccarsi dai vizi terreni, dalla parte corrotta di sé, ma sono già pervase dalla certezza della felicità che li attende. Come le balze del Purgatorio hanno i colori della nostra natura, così lo stato dell'anima che vi si purifica è il meno dissimile da quello dell'uomo vivente: è un cammino, un mutamento insieme spaziale e interiore. Nella poesia dantesca, le figure del *Purgatorio* prendono forma di uomini e donne giunti a porto sicuro, al termine di un tragitto doloroso i cui segni sono ancora ben marcati nello spirito e nella carne; uomini e donne che hanno il cuore a un avvenire di letizia e vogliono dedicare al passato, quando ne parlano ad altri, solo un breve ricordo venato di malinconia.
Un dato strutturale, che offre occasioni alla poesia del *Purgatorio*, è poi

il legame fra le anime e i cari viventi, le cui preghiere possono accorciare il tempo dell'espiazione: perciò i personaggi della seconda cantica non ci appaiono nella dolorosa solitudine dei dannati, né trasumanati come i beati in cielo, ma ancora sentimentalmente partecipi del piccolo mondo familiare e amicale. Bene s'intonano dunque alla cantica quegli episodi in cui il pellegrino incontra anime che gli furono amiche in vita, e ne è salutato con gioia e gode di ritrovarle salve. Così avviene tra i principi negligenti, con Ugolino Visconti «giudice» di Gallura: «Ver' me si fece e io ver' lui mi fei: / giudice Nin gentil, quanto mi piacque / quando ti vidi non esser tra ' rei!» (*Pg* 8, 52-54). Così, tra i golosi, con Forese Donati: «ed ecco del profondo della testa / volse a me li occhi un'ombra, e guardò fiso; / poi gridò forte: "Qual grazia m'è questa?" / Mai non l'avrei riconosciuto al viso, / ma nela voce sua mi fu palese / ciò che l'aspetto in sé avea conquiso [distrutto]» (*Pg* 23, 40-45). E Forese ha poi accenti amorosi e commossi per la donna che ha lasciato nel mondo, «soletta» in bene operare tra le sfacciate donne fiorentine – per la Nella sua, che «con [...] pianger dirotto», con preghiere e con sospiri, gli abbrevia il corso della purgazione. I personaggi del *Purgatorio* sorridono (l'unico sorriso dell'*Inferno* è quello di Virgilio, nel IV canto, dinanzi alla «bella scola» dei poeti). «L'ombra sorrise...» (*Pg* 2, 83): è Casella. «Poi sorridendo disse: "Io son Manfredi..."» (*Pg* 3, 112): questi è lo sconfitto di Benevento, il figlio di Federico II. Dante lo vede come un'immagine di nobiltà, ancora segnata dal dolore passato, ma serena (vv. 107-112):

> biond' era e bello e di gentile aspetto,
> ma l'un de' cigli un colpo avea diviso.
>   Quando mi fui umilmente disdetto
> d'averlo visto mai, el disse: «Or vedi»;
> e mostrommi una piaga a sommo 'l petto.
>   Poi sorridendo disse...

Manfredi è morto scomunicato, e la sua «bella figlia» Costanza dubita forse della sua salvezza. Lo spirito prega D. di rassicurarla, e narra di come, ferito a morte, si rendesse «piangendo» a Dio. Il padre celeste è «bontà infinita» che accoglie e perdona volentieri: ma ciò ignorava il «pastore» (il vescovo) di Cosenza, quando vituperò il cadavere del principe svevo, dopo averlo sottratto alla tumulazione militaresca che il nemico stesso gli aveva concessa. Il poeta ha questa triste visione d'umanità offesa, di pietà negata (vv. 124-132):

> Se 'l pastor di Cosenza, che ala caccia
> di me fu messo per Clemente allora,
> avesse in Dio ben letta questa faccia,
> l'ossa del corpo mio sarieno ancora
> in co [capo] del ponte presso a Benevento,
> sotto la guardia dela grave mora [mucchio di sassi].
> Or le bagna la pioggia e move il vento
> di fuor dal regno quasi, lungo 'l Verde,
> dov'ei le trasmutò a lume spento.

5.10. Tre gentildonne di Toscana

Accanto ai grandi della storia, accanto ai principi e agli eroi, entrano nella trama della *Commedia* anche figure che persino la cronaca ha dimenticato. È questo il caso della senese Pia, caso che forse Dante riteneva abbastanza noto da consentire certa allusività enigmatica del brevissimo autoritratto (si capisce solo che la donna è stata uccisa dal marito, un signore maremmano). Pia parla non appena Bonconte ha terminato il suo racconto (*Pg* 5, 130-136):

> «Deh! quando tu sarai tornato al mondo
> e riposato dela lunga via»
> seguitò il terzo spirito al secondo,
> «ricorditi di me, che son la Pia.
> Siena mi fé, disfecemi Maremma:
> salsi [lo sa] colui che 'nanellata pria
> disposando m'avea con la sua gemma».

Qui il canto si chiude e null'altro il poeta ci dice. Pia è un'apparizione di gentilezza. Chiede una preghiera a Dante perché non ha nessuno al mondo che preghi per lei (lo nota con finezza il De Sanctis); e le viene naturale posporre sé stessa al riposo del viaggiatore dopo «la lunga via». Ha patito un oltraggio violento, né quell'ombra si è in lei dissipata; ma il fatto atroce si vela in una perifrasi, che è tutta un ricordo di dolce speranza femminile. Se quella speranza fu illusoria quanto al suo oggetto, fu autentica nel soggetto e vive ancora come sentimento del bene e si serba come una «gemma» preziosa.

Meno evanescente di Pia nel fondamento cronistico, e di stoffa tutta diversa, è l'altra senese del Purgatorio: Sapìa dei Salvani. Ella sconta la pena degli invidiosi, abbassati allo stato di ciechi mendicanti, con le palpebre cucite all'uso di falconeria («...come a sparvier selvaggio / si fa però che queto non dimora», *Pg* 13, 71-72). A D. racconta il suo peggior peccato, un esempio d'invidia estrema, aggravato dall'età matura. Andando i senesi in battaglia contro i fiorentini, la donna pregò per la sconfitta dei suoi e, quando li vide effettivamente battuti, si volse a Dio con letizia blasfema: «Omai più non ti temo!». Nulla dice Sapìa di cause o motivi, che potesse covare in sé, per tale comportamento, e appunto lo presenta come una «follia». Pur mutata dal pentimento e dalla penitenza, ha conservato un gusto, tra donnesco e comunale, per la parola pungente. Irride la sé stessa di un tempo: «Savia non fui, avvegna che Sapìa / fossi chiamata...»; «...i' volsi in sù l'ardita faccia / gridando a Dio: "Omai più non ti temo!", / come fé il merlo per poca bonaccia» (vv. 109-110, 121-123). Schernisce i compatrioti, sempre intenti a spese senza frutto: «...quella gente vana / che spera in Talamone, e perderàgli / più di speranza ch'a trovar la Diana; / ma più vi perderanno li ammiragli» (vv. 151-154).

Il motivo della gentilezza femminile oltraggiata è così caro a Dante che, dopo averlo delineato in Pia, lo riprende e varia in Piccarda (*Pd* 3, 46-49, 103-108). Nel cielo della Luna al pellegrino si manifestano gli spiriti di quanti, mancando ai propri voti, diminuirono a sé stessi la capacità di godere l'eterna beatitudine. La questione strutturale è discussa abbastanza a lungo, sia da Piccarda, sia da Beatrice, e il lettore ne ricava molte nozioni: che tutti i beati sono perfettamente appagati, mentre la misura del loro disìo è varia; che mancare ai voti, anche sotto violenza, rivela un difetto di volontà (quella volontà che, invece, «tenne Lorenzo in su la grada [graticola]»); che all'uomo, quando abbia offerto a Dio la propria libertà, ossia il bene più prezioso, non resta poi nulla da dare in equa compensazione di quella. Alla fantasia dantesca, i beati del rango di Piccarda appaiono con una tenuissima orma d'umanità terrena, quali visi rispecchiati «per acque nitide e tranquille». Ciò consente – caso unico nel *Paradiso* – l'agnizione della beata da parte del pellegrino, a lui nota e cara perché sorella dell'amico Forese Donati (già incontrato e salutato, fra i golosi in Purgatorio):

I' fui nel mondo vergine sorella;
e se la mente tua ben sé riguarda,
non mi ti celerà l'esser più bella,
ma riconoscerai ch'i' son Piccarda...

La coerenza di tono fra l'espressione verbale e la delicatezza dell'immagine – un riflesso vago, come «perla in bianca fronte» – è perfetta. Diversamente da Pia, ma con eguale trasporto amoroso e con la stessa ingenua pienezza di speranza, la «giovinetta» Piccarda aveva donato il cuore a Cristo, a «quello sposo ch'ogne voto accetta / che caritate a suo piacer conforta», prendendo l'abito delle Clarisse.

Uomini poi, a mal più ch'a bene usi,
fuor mi rapiron dela dolce chiostra:
e Dio si sa qual poi mia vita fusi.

Anche Piccarda cela l'offesa sotto il velo dell'allusione e del silenzio; ma, completamente libera dalla sofferenza passata, menziona gli offensori – primo fra tutti il fratello maggiore Corso, che la rapì per darla in moglie a un suo compagno di fazione – senza note d'accusa o di rancore, con la sola obiettiva, e quasi attenuata, caratteristica della loro appartenenza al mondo del male. La pena terrena di Piccarda non si risolse in un solo momento atroce, ma durò per il rimanente della vita, trovando in Dio l'unico confidente e consolatore. A quel Dio, a quello «sposo», la bella Donati è ora congiunta in «pace» (v. 85) e in una letizia senza ombre.

5.11. I santi

Le anime del Paradiso hanno realizzato quasi l'intera loro potenza ontologica. Manca loro soltanto la resurrezione dei corpi, da cui riceveranno l'ultimo accrescimento di gioia (*Pd* 14, 63-66):

...ben mostrar [mostrarono] disio d'i corpi morti:
forse non pur per lor, ma per le mamme,

per li padri e per li altri che fuor cari
anzi che fosser sempiterne fiamme.

Nell'impossibilità di immaginare per i santi una situazione individuale e concreta (essendo né individuali né concreti i vari giochi di luce, che si producono di cielo in cielo, e la «rosa sempiterna» delle «bianche stole» nell'Empireo), Dante li ritrae come figure intellettuali e morali: uomini e donne godenti una felicità piena, di cui sono parte viva la memoria del bene già operato e la cura sollecita per i fratelli ancora *in via* – cura che può prendere le sembianze umanissime della compassione e della giusta ira, e persino gli accenti del sarcasmo. L'esperienza terrena è in loro e per loro qualcosa come una sana giovinezza, dei cui eventuali errori la conquistata maturità può sorridere. Gregorio Magno, in vita, volle smentire la dottrina di Dionigi sui cori angelici e poi, trapassato, vide d'aver avuto torto: «onde, sì tosto come li occhi aperse / in questo ciel, di sé medesmo rise» (*Pd* 28, 134-135). Cunizza da Romano e Folchetto da Marsiglia, che si manifestano a D. nel cielo di Venere, considerano con indulgenza la propria nativa disposizione ad amare, per quanto essa sia stata anche cagione di disordine e pericolo morale (*Pd* 9, 32-36):

Cunizza fui chiamata, e qui refulgo
perché mi vinse il lume d'esta stella;
ma lietamente a me medesma indulgo
la cagion di mia sorte, e non mi noia;
che parrìa forse forte al vostro vulgo.

Folchetto spiega poi che i beati hanno superato la fase del pentimento, e si compiacciono nel considerare la Provvidenza da cui tutta la loro vita fu ordinata all'ultima felicità (vv. 103-105):

Non però qui si pente, ma si ride,
non della colpa, ch'a mente non torna,
ma del valor ch'ordinò e provide.

Tutto ciò si traduce in un particolare rapporto fra i personaggi e la loro figura storica di base: Dante non la tradisce, ma, svolgendola, la porta a uno stadio più alto. Il Bonaventura storico, per esempio, ha combattuto aspramente Gioachino da Fiore; ma il Bonaventura celeste ha conquistato un punto di vista ben più alto, e può celebrare lo «spirito profetico» dell'abate calabrese (*Pd* 12, 140-141). Il Tommaso storico ha polemizzato con le dottrine averroistiche, ma il Tommaso celeste può ora riconoscere in Sigieri un esempio della dedizione al filosofare (*Pd* 10, 133-138):

> Questi, onde a me ritorna il tuo riguardo,
> è 'l lume d'uno spirto che, 'n pensieri
> gravi, a morir li parve venir tardo:
> essa è la luce eterna di Sigieri,
> che, leggendo nel Vico delli Strami [insegnando all'Università di Parigi],
> silogizzò invidiosi veri [argomentò verità mirabili]...

Nel Sigieri dantesco il desiderio di affrettare il trapasso andrà inteso come desiderio di «sedare l'angoscia intellettuale nella luce della rivelazione divina» (Pasquini, 2001, p. 271); ma alla coloritura patetica delle terzine non è estraneo il ricordo delle sofferenze inflitte al grande pensatore, a lungo perseguitato per le sue idee (e infine assassinato in circostanze oscure).

6. La poesia del molteplice concreto

6.1. La rappresentazione dell'Aldilà

«La gloria di colui che tutto move / per l'universo penetra e risplende / in una parte più e meno altrove» (*Pd* 1, 1-3). Il senso religioso dell'unità del mondo, che in ogni suo aspetto è splendore divino, si trova congiunto in Dante con un'apertura francescana, affettuosa e fantastica, verso i fenomeni della vita naturale e dell'operosità umana; mondo morale e moti del sentimento improntano di sé la percezione delle cose, tanto da vivificarne le forme con una ricchezza e un'evidenza senza precedenti. Si pensi, anzitutto, alla sfida contenuta nella necessità di dare rappresentazione sensibile all'Aldilà, sfida che si risolve nel conferire un'animazione – di volta in volta – infernale, purgatoriale e paradisiaca alle forme del mondo «di qua». La rappresentazione degli spiriti, come s'è detto, è risolta da Dante sul piano dottrinale con l'idea del «corpo fittizio», che in Inferno e Purgatorio di solito si traduce nell'immagine di un uomo vivo, variamente atteggiato nella sua scena, e talvolta devastato, come avviene dei provocatori di discordia (*If* 28, 118-122):

> Io vidi certo, e ancor par ch'i' 'l veggia,
> un busto sanza capo andar sì come
> andavan li altri dela trista greggia;
> e 'l capo tronco tenea per le chiome
> pésol [pendente], con mano, a guisa di lanterna...

mentre in Paradiso si presenta come una gemma fasciata di luce. Nel contesto infernale, non si trascuri tuttavia il momento del "mostruoso" – forse poeticamente minore, ma legato a un filone importante dell'arte cristiana medievale, che ha le sue radici nell'immaginario apocalittico. La figura mostruosa («deformis formositas ac formosa deformitas», come dice, polemicamente, san Bernardo nell'*Apologia a Guglielmo*) si realizza attraverso la condensazione innaturale di elementi naturali o addirittura realistici, secondo un impianto che può essere razionalmente simbolico (come per Gerione) o più liberamente orroroso, a imitazione dell'esperienza onirica, come avviene per le "metamorfosi" dei ladri (*If* 25, 91-112):

> Elli 'l serpente e quei lui riguardava;
> l'un per la piaga e l'altro per la bocca
> fummavan forte, e 'l fummo si scontrava
> [...]
> Insieme si rispuoser a tai norme,
> che 'l serpente la coda in forca fesse
> e 'l feruto ristrinse insieme l'orme [i piedi].
> Le gambe colle cosce seco stesse
> s'appiccar [si unirono] sì che 'n poco la giuntura
> non facea segno alcun che si paresse.
> Togliea la coda fessa la figura
> che si perdeva là; e la sua pelle
> si facea molle, e quella di là dura.
> Io vidi entrar le braccia per l'ascelle...

Quanto ai luoghi, l'Inferno, regno di paura, angoscia e ribrezzo, è in concreto una grotta enorme, immersa nel buio, ora balenante di fiamme, ora tormentata dall'acqua: «Sovra tutto 'l sabbion, d'un cader lento / piovean di foco dilatate falde, / come di neve in alpe sanza vento» (*If* 14, 28-30); «Grandine grossa e acqua tinta e neve / per l'aere tenebroso si riversa: / pute la terra che questo riceve» (*If* 6, 10-12) ecc. Vi s'incontrano paludi, fiumi ribollenti, discariche di materia fetida, burroni («una natura sformata e in dissoluzione», scrive De Sanctis, 1870; ed. 1958 p. 219) – tutto ciò che può rendere il cammino faticoso e penoso: «L'acqua era buia assai più che persa [blu scuro]; / e noi, in compagnia dell'onde bige, / intrammo giù...» (*If* 7, 103-105); «Le ripe eran grommate d'una muffa, / per l'alito di giù che vi s'appasta, / che con li occhi e col naso facea zuffa [...] vidi gente attuffata in uno sterco / che dagli uman privadi [latrine] parea mosso» (*If* 18, 106-114); «Su per lo scoglio prendemmo la via, / ch'era ronchioso [accidentato], stretto e malagevole, / ed erto [ripido] più assai che quel di pria» (*If* 24, 61-63) ecc. Non di rado la suggestione dell'immagine (mai scadente a fredda descrizione) si potenzia con l'evocazione di luoghi determinati – ora familiari, ora (la *Danoia* e il *Tanai*, ossia il Danubio e il Don) poco meno favolosi dell'abisso infernale (*If* 12, 1-10; 32, 22-27):

Era lo loco, ov'a scender la riva
venimmo, alpestro [...]
Qual è quella rovina [frana] che nel fianco
di qua da Trento l'Adice percosse,
o per tremoto o per sostegno manco [venuto meno, a causa dell'erosione],
che da cima del monte, onde si mosse,
al piano è sì la roccia discoscesa,
ch'alcuna via darebbe a chi sù fosse:
cotal di quel burrato [burrone] era la scesa...

...e vidimi davante
e sotto i piedi un lago che per gelo
avea di vetro e non d'acqua sembiante.
Non fece al corso suo sì grosso velo
di verno la Danoia in Osterlicchi,
né Tanai là sotto il freddo cielo...

Tutta diversa, come ben s'intende, l'atmosfera del Purgatorio e, prima di tutto, la sua luce, dato che il monte appartiene alla superficie terrestre e conosce dì e notte, alba e tramonto. Di contro all'eternità della disperazione e della beatitudine, l'espiazione è nel tempo. Sul piano strutturale, ciò si traduce, come s'è detto, in un'attentissima modulazione liturgica. Sul versante fantastico, il volgere del giorno diventa motivo poetico: «Dolce color d'oriental zaffiro, / che s'accoglieva nel sereno aspetto / dal mezzo [dall'aria], puro infino al primo giro [cielo], / agli occhi miei ricominciò diletto» (*Pg* 1, 13-16).
Intuizioni pittoriche, come questa, s'alternano a indimenticabili momenti di elegia, dove, nell'ora che batte, è colta una condizione umana (*Pg* 8, 1-6):

Era già l'ora che volge il disio
a' navicanti e 'ntenerisce il core
lo dì c'han detto ai dolci amici "a Dio";
e che lo novo peregrin d'amore
punge, se ode squilla di lontano
ch'e' paia il giorno pianger che si more...

Versi che hanno un preciso corrispettivo, al termine della scalata (*Pg* 27, 109-111):

E già per li splendori antelucani,
che tanto a' pelegrin surgon più grati
quanto tornando albergan men lontani...

Il mare: quando si richiude su Ulisse, è una forza del destino; nel *Paradiso*, è l'abbraccio dell'essere («tutte nature [...] si muovono a diversi porti / per lo gran mar dell'essere», I, 110-112); solo nel *Purgatorio* è un'illuminazione di pura bellezza e speranza: «L'alba vinceva l'ora mattutina / che fuggìa innanzi, sì che di lontano / conobbi il tremolar dela marina» (*Pg* 1, 115-117). Se non vi mancano episodi di tenebra (anzi: il «fummo» del c. 16 è peggiore del «buio d'inferno»), la seconda cantica è anche quella in cui può spiegarsi la varietà dei colori (*Pg* 7, 73-78):

Oro e argento fine, cocco [vermiglio] e biacca [bianco di zinco],
indico legno lucido e sereno
fresco smeraldo in l'ora che si fiacca [appena spezzato],
dall'erba e dalli fior, dentr'a quel seno
posti, ciascun sarìa di color vinto,
come dal suo maggiore è vinto il meno.

Nell'Eden, poi, la bellezza degli elementi e delle forme terrestri risplende al più alto grado, come se realtà delle cose e sogno della poesia vi coincidessero (*Pg* 28, 28-33, 52-57; 30, 22-32):

Tutte l'acque che son di qua più monde
parrieno aver in sé mistura [impurità] alcuna
verso di quella, che nulla nasconde
avvegna che [benché] si mova bruna bruna
sotto l'ombra perpetua che mai
raggiar non lascia sole ivi né luna.

Come si volge, con le piante strette
a terra e intra sé, donna che balli,
e piede innanzi piede a pena mette, [Matelda]
vòlsesi in su i vermigli e in su i gialli
fioretti verso me, non altrimenti
che vergine che li occhi onesti avvalli [abbassi]...

Io vidi già nel cominciar del giorno
la parte oriental tutta rosata
e l'altro ciel di bel sereno addorno;
e la faccia del sol nascere ombrata [velata]
sì che per temperanza di vapori
l'occhio la sostenea lunga fiata [a lungo];
così dentro una nuvola di fiori
che dale mani angeliche saliva
e ricadeva in giù dentro e di fori,
sovra candido vel cinta d'uliva
donna m'apparve...

La visione paradisiaca ha come suo contenuto la «luce intellettuale» in cui si esprime la natura divina. La relativa rappresentazione poetica ha come sua sola possibile materia la «luce visibile», immaginata nel mutare dell'intensità e delle forme. Questa limitatezza del materiale si traduce in un'arte della variazione, non scevra di virtuosismo, e in un gusto di pittura astratta storicamente legato all'immaginazione simbolistica del Medioevo: con esso, il lettore novecentesco ha forse ritrovato una certa sintonia.

I tentativi di riferire direttamente lo spettacolo celeste sono rari. Si rammenti la "visione" del Cosmo dall'alto in basso, dal Cielo stellato giù verso la Terra; è un sogno astronomico («Vidi la figlia di Latona incensa [la Luna illuminata] / sanza quell'ombra che mi fu cagione / per che già la credetti rara e densa», *Pd* 22, 139-141), impreziosito con perifrasi mitologiche, che si anima alla fine con l'immagine del nostro pianeta; ed è un riflesso affettivo, non visivo: «L'aiuola *che ci fa tanto feroci*, / volgendom'io con li etterni Gemelli, / tutta m'apparve da' colli ale foci» (vv. 151-153).

Più frequente è il ricorso alle similitudini. La miracolosa penetrazione nella materia lunare è immaginata come un fenomeno ottico (*Pd* 2, 31-36):

Parev'a me che nube ne [ci] coprisse
lucida, spessa, solida e polita,
quasi adamante [diamante] che lo sol ferisse.
Per entro sé l'etterna margarita [gemma]
ne ricevette, com'acqua recepe [accoglie]
raggio di luce permanendo unita.

Anche altrove, soprattutto nella rappresentazione degli spiriti beati, soccorre il ricordo di quelle concrezioni di luce che sono le gemme: «Ben supplico io a te, vivo topazio / che questa gioia preziosa ingemmi, / perché mi facci del tuo nome sazio» (*Pd* 15, 85-87); «O dolce stella, quali e quante gemme / mi dimostraro che nostra giustizia / effetto sia del ciel che tu ingemme!» (*Pd* 18, 115-117); «parea ciascuna rubinetto in cui / raggio di sole ardesse sì acceso, / che ne' miei occhi rifrangesse lui» (*Pd* 19, 4-6) ecc. Il gioco della luminosità rievoca i fantasmi del fuoco, o la visione dei corpi celesti dalla Terra: «Ma sì come carbon che fiamma rende, / e per vivo candor quella soverchia, / sì che la sua parvenza si difende» (*Pd* 14, 52-54); «Sì come il sol che si cela elli stessi / per troppa luce, come 'l caldo ha róse [dissolte] / le temperanze d'i vapori spessi» (*Pd* 5, 133-135); «Qual è colui ch'adocchia e s'argomenta [si sforza] / di vedere eclissar lo sole un poco, / che, per [a causa del] veder, non vedente diventa; / tal mi fec'io...» (*Pd* 25, 118-121); «Così ricorsi ancora ala dottrina / di colui ch'abelliva di [che riceveva luce da] Maria, / come del sole stella mattutina» (*Pd* 32, 106-108) ecc.

Larga parte hanno infine complesse figurazioni, di disegno astratto, predisposte a una lettura di tipo miniaturistico e illustrativo. Si pensi a ciò che avviene nel cielo di Giove, allorché, sullo sfondo argenteo del pianeta, i beati come faville d'oro danzano componendo lettere, fino a una M che si trasforma poi nel contorno d'un'aquila (*Pd* 18, 97-104):

> E vidi scendere altre luci dove
> era il colmo dell'M, e lì quetarsi
> cantando, credo, il ben ch'a sé le move.
> Poi, come nel percuoter d'i ciocchi arsi
> surgono innumerabili faville
> [...]
> resurger parver quindi più di mille
> luci e salir...

O si rammenti la fantasmagoria del XXX canto (vv. 61-69):

> e vidi lume in forma di rivera [fiume]
> fulvido [splendido] di fulgore, intra due rive
> dipinte di mirabil primavera.
> Di tal fiumana uscìan faville vive,

e d'ogne parte si mettièn [posavano] ne' fiori,
quasi rubin che oro circunscrive;
poi come inebriate dalli odori,
riprofondavan sé nel miro gurge [meraviglioso fiume],
e s'una intrava, un'altra n'uscìa fori.

O la geometria mistica della visione finale (forse, d'origine gioachimita) (*Pd* 33, 115-120):

Nella profonda e chiara sussistenza
dell'alto lume parvermi tre giri
di tre colori e d'una contenenza [identica dimensione];
e l'un dall'altro come iri [arcobaleno] da iri
parea reflesso, e 'l terzo parea foco
che quinci e quindi [dal primo e dal secondo] igualmente si spiri.

6.2. Le similitudini

Al di là dei casi già esemplificati, la similitudine è il mezzo principale, più tipico, più duttile con il quale, nel solco della tradizione epica, la poesia dantesca realizza la sua vocazione alla correlazione universale, alla sintesi patetica tra i diversi aspetti del mondo umano e tra il mondo umano e il mondo della natura. La similitudine dantesca può essere breve e concentrata: «Urlar li fa la pioggia come cani» (*If* 6, 19); «lo giudicio di costei / che è occulto come in erba l'angue [il serpente]» (*If* 7, 83-84); «Così la neve al sol si disigilla» (*Pd* 33, 64) ecc. E può giungere, di grado in grado, alla complessità di un piccolo quadro dinamico (*If* 24, 1-16):

In quella parte del giovanetto anno
che 'l sole i crin sotto l'Acquario tempra [mitiga]
e già le notti al mezzo dì sen vanno,
quando la brina in su la terra assempra [copia]
l'imagine di sua sorella bianca [la neve],
ma poco dur'ala sua penna tempra [la punta],
lo villanello a cui la roba [il foraggio] manca
si leva, e guarda, e vede la campagna
biancheggiar tutta; ond'e' si batte l'anca,
ritorna in casa, e qua e là si lagna,
come 'l tapin che non sa ch'e' si faccia;

poi riede [torna a guardare], e la speranza ringavagna [recupera]
  veggendo il mondo aver cangiata faccia
in poco d'ora, e prende suo vincastro [bastone]
e fuor le pecorelle a pascer caccia.
  Così mi fece sbigottir lo mastro...

Può svariare dalle note "basse" alle "alte", secondo la materia «densa» o «rara»: «Qui distorse la bocca e di fuor trasse / la lingua, come bue che 'l naso lecchi» (*If* 17, 74-75); «Come 'n peschiera ch'è tranquilla e pura / traggonsi i pesci a ciò che vien di fori / per modo che lo stimin lor pastura» (*Pd* 5, 100-102); «Quale ne' plenilunii sereni / Trivia ride tra le ninfe etterne / che dipingon lo ciel per tutti i seni» (*Pd* 23, 25-27). Può implicare un contenuto mitologico (o storico, o biblico), e ha allora, per lo più, il valore di allusione letteraria o dotta («Quali nella tristizia di Ligurgo / si fer due figli a riveder la madre, / tal mi fec'io...», *Pg* 26, 94-96), ma, in non pochi casi, la felicità di una prospettiva inedita e stupenda: «così al vento nele foglie levi / si perdea la sentenza di Sibilla» (*Pd* 33, 65-66); «Un punto [istante] solo m'è maggior letargo [causa d'oblio] / che venticinque secoli ala 'mpresa / che fé Nettuno ammirar l'ombra d'Argo» (vv. 94-96). Forte ne è il sapore, quando viene implicato un riferimento al vario mondo dell'operare umano. Sarà il modo di camminare dei frati («Taciti, soli, sanza compagnia / n'andavàn l'un dinanzi e l'altro dopo, / come ' frati minor vanno per via», *If* 23, 1-3), o il concerto tecnico dell'arsenale di Venezia (*If* 21, 7-15):

  Quale nell'arzanà de' Viniziani
bolle l'inverno la tenace pece
a rimpalmare [per spalmarne] i legni [vascelli] lor non sani, –
  ch'e' [perché essi veneziani] navicar non ponno, e 'n quella vece,
chi fa suo legno novo e chi ristoppa [aggiusta con la stoppa]
le coste [fiancate] a quel che più viaggi fece;
  chi ribatte da proda e chi da poppa;
altri fa remi e altri volge sarte [funi];
chi terzeruolo e artimon rintoppa [rattoppa le vele] –
  tal...

Sarà l'espressione intenta del vecchio sarto («e sì ver' noi aguzzavan le ciglia / come 'l vecchio sartor fa nella cruna», *If* 15, 20-21), o saranno le pose e le mosse di quel che oggi chiamiamo *sport* («...e' parve di coloro / che corrono a Verona il drappo verde / per la campagna...», *If* 15, 121-123; «Qual sogliono i campion far nudi e unti, / avvisando [studiando] lor presa e lor vantaggio, / prima che sien tra lor battuti e punti [feriti]...», *If* 16, 21-24). Gruppo a sé fanno i paragoni d'ordine psicologico, che sono in realtà introspezioni (*If* 1, 22-25; *Pg* 1, 119-120):

E come quei che con lena affannata
uscito fuor del pelago alla riva
si volge all'acqua perigliosa e guata,
così l'animo mio...

com'om che torna alla perduta strada,
che 'nfino ad essa li pare ire invano.

Attraverso le similitudini, anche le piante e gli animali entrano nel sentimento dantesco, che li pervade mentre, tenendosi al di qua del favolistico, li umanizza: «Quali colombe dal disio chiamate, / con l'ali alzate e ferme, al dolce nido / vegnon per l'aere» (*If* 5, 82-84); «Come li augel che vernan lungo 'l Nilo / alcuna volta in aere fanno schiera, / poi volan più a fretta e vanno in filo» (*Pg* 24, 64-66); «E quale il cicognin che leva l'ala / per voglia di volare, e non s'attenta / d'abbandonar lo nido, e giù la cala» (*Pg* 25, 10-12); «così per entro loro schiera bruna / s'ammusa l'una con l'altra formica, / forse a spiar lor via e lor fortuna» (*Pg* 26, 34-36); «Quali fioretti dal notturno gelo / chinati e chiusi, poi che 'l sol li 'mbianca / si drizzan tutti aperti in loro stelo» (*If* 2, 127-129) ecc. Persino gli oggetti meccanici, fabbricati dall'uomo, possono animarsi e mutare il proprio suono metallico in una nota amorosa (*Pd* 10, 139-144):

...come orologio che ne chiami
nell'ora che la sposa di Dio surge
a mattinar lo sposo perché l'ami,
che l'una parte e l'altra tira e urge [spinge],
tin tin sonando con sì dolce nota,
che 'l ben disposto spirto d'amor turge...

Il «brutto» naturale, il guasto, il corrotto vengono presi nel giro della fantasia con l'energia della loro corposa evidenza (*If* 28, 22-24; 29, 46-51):

Già véggia, per mezzul perdere o lulla,
com'io vid'un, così non si pertugia,
rotto dal mento infin dov'e' si trulla
[non appare così sfondata una botte, cui manchi la doga mediana o l'estrema, come uno che io vidi spaccato dal mento fino all'ano].

Qual dolor fora, se delli spedali
di val di Chiana tra 'l luglio e 'l settembre,
e di Maremma e di Sardigna i mali
fossero in una fossa tutti insembre [insieme],
tal era quivi, e tal puzzo n'usciva
qual suol venir delle màrcide membre.

In casi come questi, la coerenza fra oggetto dell'elaborazione fantastica e occasione strutturale (la bolgia degli scismatici, quella dei falsari) è evidente; ma non è poi meccanicamente vero che a ogni situazione infernale sia correlata un'immagine di contenuto repulsivo (*If* 25, 79-81):

Come 'l ramarro sotto la gran fersa [sferza]
dei dì canicular, cambiando siepe,
folgore par se la via attraversa...

Non mancano, infine, quasi a soddisfare un empito incontenibile di immaginazione, le cosiddette similitudini "ipotetiche" (*Pd* 27, 13-15):

e tal nela sembianza sua divenne,
qual diverrebbe Giove, s'elli e Marte
fossero augelli e cambiassersi penne.

Ciascuno dei brani segnalati in questo capitolo andrebbe riletto nel suo contesto, per coglierne con miglior precisione la sfumatura patetica. La visione del cielo color zaffiro, ad esempio, corrisponde nella dimensione narrativa all'aprirsi del cuore del pellegrino che s'è lasciato alle spalle «l'aura morta» dell'Inferno. L'evocazione del «novo peregrino», al principio di *Pg* 8, si lega a un tema peculiare della cantica, quale l'amicizia. E così via. Né le similitudini dantesche potranno essere sottratte, quasi liriche in tutto autosufficienti, alla situazione cui appartengono. È evidente, per esempio, che la similitudine del «cicognin», in *Pg* 25, anche prepari all'atmosfera "scolastica" del discorso di Stazio, rispetto al quale l'*animus* del personaggio discente ritiene qualcosa di fanciullesco. O che nel vento, da cui si disperde «la sentenza di Sibilla», anche sia quel sentimento del ritorno al mondo da cui, purtroppo, si disperde la visione mistica del sommo vero. Ciò non toglie che talvolta in Dante la simpatia dell'oggetto assimilato, considerato per sé stesso, prevalga sulle implicazioni contestuali: si pensi alla citata similitudine del «villanello», nel XXIV dell'*Inferno*, i cui rapporti "funzionali" con il canto dei ladri sono stati prospettati da qualche critico in modo affatto artificioso.

7. Il viaggio del letterato

7.1. «Sesto fra cotanto senno»

Attraverso il personaggio del pellegrino oltremondano, l'autore della *Commedia* ha anche costituito una figura di sé che, al di là del poema, unisce in una rete di senso tutta l'opera dantesca. In particolare, il personaggio narratore è un poeta e nel suo viaggio incontra altri poeti, o – comunque ciò avvenga – si confronta con essi. Questo confronto entra a far parte del flusso narrativo e contemporaneamente istituisce una dimensione di critica e autocritica letteraria, in cui il poema riflette su sé stesso.

S'è già detto come sia determinante, per l'impresa dantesca, il rapporto di imitazione ed *aemulatio* nei confronti di Virgilio e degli altri poeti epici latini. Dichiarato solennemente in *If* I, 85-87 («Tu [Virgilio] sè lo mio maestro e 'l mio autore; / tu sè solo colui da cu' io tolsi / lo bello stilo che m'ha fatto onore»), il rapporto con gli antichi è celebrato nel IV dell'*Inferno*, allorché Virgilio e D. sono accolti, dinanzi al «nobile castello», da una schiera di poeti, che rappresenta certamente un canone di letture, o meglio, secondo l'ottica della scuola medievale, un sistema di testi (non scompagnati dai rispettivi commenti: il caso più famoso è quello di Servio rispetto a Virgilio; è più che probabile, d'altro canto, che Dante stesso concepisse la *Commedia* come un testo destinato a venire glossato). Oltre l'irraggiungibile Omero, «poeta sovrano», ci sono infatti «Orazio satiro» – ma, per Dante, essenzialmente l'autore dell'*Ars poetica* –, Ovidio e Lucano. Manca qui Stazio, perché cristiano e quindi salvo, ma la sua presenza nel canone dei migliori è indubitabile. Dal XXI canto alla fine della seconda cantica, Stazio assume addirittura funzioni di guida per il pellegrino D. (e a lui tocca affrontare un tema rilevante come quello della formazione dell'anima umana: cfr. PAR. 4.3). Il XXII canto è occupato da un dialogo tra Virgilio e Stazio che, oltre a enfatizzare l'eccellenza dell'autore della *Tebaide*, dà luogo a un'importante "appendice" a *If* 4, 88-90, che rafforza la componente moralistica del canone. Stazio chiede notizie su alcuni autori latini: «dimmi dov'è

Terrenzio, nostro antico, / Cecilio e Plauto e Varro, se lo sai» (vv. 97-98); e Virgilio risponde che questi sono nel Limbo, insieme con Giovenale (v. 14) e Persio (e quattro greci – Euripide, Antifonte, Simonide, Agatone – noti a Dante indirettamente).

Dante presenta sé stesso come il poeta volgare che meglio è riuscito a entrare in contatto con l'arte dei sommi maestri (*If* 4, 98-102):

volsersi a me con salutevol cenno,
e 'l mio maestro sorrise di tanto;
e più d'onore ancor assai mi fenno [fecero],
ch'e' sì mi fecer della loro schiera,
sì ch'io fui sesto tra cotanto senno.

E perciò si candida all'incoronazione poetica, in competizione con i latinisti veneti (segnatamente, con Albertino Mussato), che avevano da poco restaurato quella cerimonia (*Pd* 25, 7-9):

con altra voce, omai, con altro vello
ritornerò poeta, ed in sul fonte
del mio battesmo prenderò 'l cappello.

7.2. Fabbri del «parlar materno»

È possibile che vada letto in questa ottica anche l'ambiguo accenno al «disdegno» di Guido Cavalcanti, nel x dell'*Inferno*. La situazione è stata descritta nel paragrafo 5.4, dove è pure già citata la terzina cruciale:

...«Da me stesso non vegno:
colui ch'attende là, per qui mi mena,
forse cui Guido vostro ebbe a disdegno».

Nella lettera del verso, non riesce chiaro se il «disdegno» si riferisce a *colui che per qui mi mena* (Virgilio) oppure a *cui* (colui al quale, o colei alla quale) *Virgilio mi mena* (Dio o Beatrice). Questa seconda lettura è di certo compatibile con quel che sappiamo della filosofia cavalcantiana: l'impronta averroistica in *Donna me prega*, la verosimile adesione alla dottrina dell'intelletto unico (a sua volta in certo modo collegabile con l'«eresia» di Cavalcante) possono ben figurarsi come rifiuto di un percorso spirituale illuminato dalla verità rivelata. Nondimeno l'economia drammatica farebbe propendere per un riferimento del «disdegno» direttamente a Virgilio. D. ritiene di aver dato a Cavalcante una «risposta piena» (v. 66), cioè completa ma anche intelligibile: e a questo fine era naturale dire che il viaggio straordinario – da Cavalcante concepito e concepibile solo come *iter per Inferos* – avveniva grazie a un «duca», cui Guido aveva guardato, invece, con il suo proverbiale «disdegno». Il «disdegno» del Cavalcanti sarebbe così l'esatto contrapposto del «lungo studio e grande amore» di Dante per Virgilio (*If* 1, 83). In concreto, la scelta classicistica avrebbe consentito a Dante di sviluppare la propria scrittura poetica, dal nitore rarefatto della lirica al respiro universale dell'epos, mentre Cavalcanti si sarebbe negato tale possibilità di crescita. La divaricazione tra sé e Guido è posta da Dante in un momento determinato, quello in cui l'amico «*ebbe* a disdegno» di prendere Virgilio per maestro, o Beatrice per meta.

A parte il problema consistente nel collocare tale momento nella biografia storica dei due poeti fiorentini, non c'è dubbio che la divaricazione letteraria abbia coinciso con (o sia stata il corollario di) una profonda divaricazione di ordine dottrinario, come quella documentata dal contrasto di tesi sull'amore fra *Vita nova* e *Donna me prega* (rievocato anche in *Pg* 25, 63-66: cfr. PAR. 4.3). Quale che sia il significato letterale del verso, un «disdegno» di Guido per Virgilio e per la poesia epico-profetica già conterrebbe il rifiuto di ogni finalità e dimensione soprannaturale, e si estenderebbe così obiettivamente alla stessa Beatrice.

Il distacco sancito in *If* 10, 63 ed enfatizzato dal patetismo dell'episodio, non esclude una viva presenza della poesia cavalcantiana nella tessitura letteraria della *Commedia*. Non soltanto la presenza tematica di Guido è evocata con citazioni precise: in *If* 10, 65-69 la rima "siciliana" *nome* : *come* : *lume* è rilevata da *Donna me prega*, 16-19; in *Pg* 25, 65 l'emistichio *possibile intelletto* è ripreso da *Donna me prega*, 22. Ma anche espressioni liriche sono fatte segno di *aemulatio*, come avviene in *If* 14, 30: «come di neve in alpe sanza vento», da *Biltà di donna*, 6: «e bianca neve scender senza venti»; o in *Pg* 29, 1: «Cantando come donna innamorata», da *In un boschetto*, 7: «cantava come fosse 'namorata». Il nome del Cavalcanti torna in *Pg* 11, 97. Nella cornice dei superbi, il miniatore Oderisi da Gubbio depreca la «vana gloria del'umane posse» – vana gloria di cui egli ha peccato tanto da doverla ora espiare. Oderisi avverte tutti gli interessati che la gloria mondana è di breve durata, come dimostra la veloce successione delle primazìe, sia fra i pittori, sia fra i poeti (vv. 94-99):

Credette Cimabue nella pittura
tener lo campo: e or ha Giotto il grido,
sì che la fama di colui è scura;
così ha tolto l'uno all'altro Guido
la gloria della lingua; e forse è nato
chi l'uno e l'altro caccerà del nido.

Come Giotto ha tolto a Cimabue la gloria della pittura, così, da una generazione all'altra, il secondo Guido (il Cavalcanti) ha tolto al primo (il Guinizzelli) la gloria della poesia; ma forse son già nati il pittore e il poeta che di Giotto e del Cavalcanti prenderanno il posto. Per un verso, la fama di Cimabue e Guinizzelli, di Giotto e Cavalcanti, e dei successori loro (compreso, si direbbe, Dante stesso), è posta come autentica, nata da esatto apprezzamento e non dal cattivo gusto di «etati grosse» (v. 93). Ma per l'altro anche la gloria autentica è spregiata come «un fiato / di vento», un nulla in faccia all'eterno. Pur pronunziato entro un discorso che pone decisamente al di là del mondo la meta dello spirito umano, il riconoscimento è importante, e delinea una tradizione Guinizzelli-Cavalcanti-Dante che verrà ulteriormente valorizzata nel corso del *Purgatorio*. Nella cornice dei golosi, si smagrisce una vecchia conoscenza dei cultori di poesia dugentesca: Bonagiunta da Lucca (già censurato nel *De vulgari eloquentia* come verseggiatore di lingua non eletta). Bonagiunta sollecita l'intervento di Dante, riconoscendolo come «colui che fore / trasse le nove rime, cominciando / *Donne ch'avete intelletto d'amore*» (precisissimo rinvio a *Vn* XIX), e ne ottiene la celebre autodefinizione (*Pg* 24, 52-54):

... «I' mi son un che, quando
Amor mi spira, noto e a quel modo
ch'e' ditta dentro vo significando».

Le «nove rime» sono quelle la cui caratteristica il Dante della *Vita nova* pone nel contenuto più puro (la «lode» di Beatrice, senza contropartita) rispetto a quello delle precedenti, ancora viziato da un'ombra di desiderio. Il Dante del *Purgatorio*, invece, riporta la novità e l'identità delle sue rime alla fedeltà della scrittura rispetto all'ispirazione, addirittura oggettivata come «Amore-dittatore»: si direbbe che stia trasferendo sulle rime giovanili l'esperienza del poema, in quanto, essenzialmente, "trascrizione" di una visione ispirata («...e quel che vedi [...] fa che tu scrive», *Pg* 32, 104-105; «quella materia ond'io son fatto scriba», *Pd* 10, 27; e vedi anche *Pd* 26, 17-18). Tocca quindi a Bonagiunta tirare le somme e stabilire una demarcazione storiografica tra i letterati di vecchia generazione e il «dolce stil novo» di cui s'è ora udita la formula (*Pg* 24, 55-60):

> «O frate, issa [ora] vegg'io», diss'elli, «il nodo
> che 'l Notaro e Guittone e me ritenne
> di qua dal dolce stil novo ch'i' odo!
> Io veggio ben come le vostre penne
> di retro al dittator [a colui che detta] sen vanno strette,
> che delle nostre certo non avvenne...»

Rispetto ai quadri del *De vulgari eloquentia*, la differenza è notevole: gli antichi sono respinti indietro, senza distinzioni fra «illustri» e «municipali» («[i]l Notaro e Guittone e me»), e la linea del "nuovo" è collocata all'altezza di *Donne ch'avete intelletto d'amore*. I due Guidi «gloriosi» restano innominati, non si sa se «di qua» o di là dal «nodo». In parte questo dubbio si scioglie nel XXVI canto, dove Guido Guinizzelli sconta nel fuoco la sua lussuria. Dante corona qui una serie di omaggi, cominciata, una ventina d'anni prima, con il sonetto *Amore e cor gentil sono una cosa*. L'incontro purgatoriale con il primo Guido (vv. 97-99) è simmetrico, sul versante lirico, a quello con Virgilio, sul versante epico:

> ...io odo nomar sé stesso il padre
> mio e degli altri, miei miglior [migliori di me], che mai
> rime d'amor usar dolci e leggiadre...

Se Dante è «colui che fore trasse le nove rime», di cui si ribadiscono il contenuto («amor») e la tonalità («dolci»), Guido Guinizzelli è il «padre» suo: uno statuto speciale tra il vecchio e il nuovo, che gli assicura pregio per «quanto durerà l'uso moderno», per il tempo che il nuovo stile sarà in pregio. Alla lode, il Guinizzelli replica con modestia additando un compagno di pena che «fu miglior fabbro del parlar materno», ossia il provenzale Arnaut Daniel: citazione al merito che completa il repertorio delle grandi *auctoritates* liriche dantesche, ponendo, accanto al maestro delle rime «dolci», il maestro delle «aspre» (le cosiddette «petrose»).

In questo finale rendiconto (cui non aggiunge per la verità molto l'incontro con Folco da Marsiglia, trovatore e poi vescovo, in *Pd* 9, 67 ss.) il Cavalcanti, non nominato, rimane in certo modo confuso nel gruppo dei "figli" del poeta bolognese («...padre mio e degli altri...»), e tra le «più persone» che hanno collaborato a far vincere il «vero» sulla fama di Guittone. Sono parole del Guinizzelli (*Pg* 26, 119-126):

...li stolti
[...]
a voce più ch'al ver drizzan li volti,
e così ferman sua oppinione
prima ch'arte o ragion per lor s'ascolti.
Così fer molti antichi di Guittone,
di grido in grido pur lui dando pregio,
finché l'ha vinto il ver con più persone.

Stavolta la difficoltà di Dante a risolvere, dentro sé stesso, il "problema" Cavalcanti pare tradursi in una deformazione dei fatti. Dante conosceva la professione guittoniana del Guinizzelli storico, il sonetto *O caro padre meo de vostra laude*, che nelle terzine di *Pg* 26, 71-75

ma, poi che furon di stupore scarche,
lo qual nelli alti cuor tosto s'attuta [si spegne],
«Beato te! che delle nostre marche, –
ricominciò colei [l'anima del Guinizzelli] che pria m'inchiese –
per morir meglio esperienza imbarche...»

è addirittura citato (73-75 *marche* : *imbarche* < *'mbarchi* : *Marchi*, a sua volta da Arnaut, *Si · m fos Amor*, *embarc* : *marc*, pure presente a Dante: *descarc* > *scarche*), e certamente conosceva il feroce sonetto del Cavalcanti al Frate, *Da più a uno face un sollegismo*: ma, per sostanziare il profilo "paterno" del Bolognese, gli ha attribuito un antiguittonismo postumo che, nella realtà, era proprio del Fiorentino.

La costanza della riprovazione – dalla *Vita nova* al *Purgatorio* – non impedisce che, proprio nello scarto fra «stil novo» (cavalcantiano-dantesco) e «comedìa», sia rilevabile una presenza di Guittone: nel preziosismo semantico, soprattutto in rima (ad esempio «carizia» di *Pd* 5, 111, può essere prelievo da *Ahi, quant'ho che vergogni...*, v. 83); nei modi polemici (cfr., per esempio, *If* 6, 74-75, «superbia, invidia e avarizia sono / le tre faville c'hanno i cuori accesi», con *O cari frati miei, con malamente...*, vv. 50-52: «soperbia, cupidezza, invidia e ira / tanto no volle [ci volge] e gira / che nostre menti poso alcun non hanno»; Del Sal, 1989). Una citazione pregnante e precisa è in *Pg* 11, 139, «...scuro so che parlo», da *Tuttor s'eo veglio o dormo*, v. 61 («scuro saccio che par lo / mio detto...»).

7.3. *Comica verba*

Tutte le componenti dell'esperienza lirica dantesca hanno voce nell'orchestrazione stilistica del poema. Vi si ritrova, come è ovvio, l'attitudine argomentativa delle canzoni morali. Ma anche la melodia stilnovistica svolge una funzione molto significativa, soprattutto per la pittura del mondo edenico di cui è protagonista Matelda (*Pg* 28, 37-43):

> e là m'apparve [...]
> una donna soletta che si già [andava]
> e cantando e scegliendo fior da fiore
> ond'era pinta tutta la sua via.
> «Deh, bella donna, che a' raggi d'amore
> ti scaldi...»

Il gusto «petroso» delle perifrasi ardue e dotte è onnipresente: «Nell'ora che non può il calor diurno / intepidar più 'l freddo dela luna, / vinto da terra e talor da Saturno» (*Pg* 19, 1-3); «E se stati non fossero acqua d'Elsa / li pensier vani intorno ala tua mente, / e il piacer loro un Piramo ala gelsa» (*Pg* 33, 67-69); «Quando ambedue li figli di Latona, / coperti del Montone e dela Libra, / fanno del'orizzonte insieme zona, / quant'è dal punto che 'l cenìt i 'nlibra, / infin che l'uno e l'altro da quel cinto, / cambiando l'emisperio, si dilibra» (*Pd* 29, 1-6, quando il Sole e la Luna, l'uno in Ariete e l'altra in Bilancia, vedono il proprio disco tagliato a metà dal cerchio dell'orizzonte, dal momento in cui lo zenit li tiene in perfetto equilibrio a quello [immediatamente successivo] in cui, tramontando l'uno e sorgendo l'altra, se ne sciolgono) ecc. E perviene a nodi di ermetismo tuttora insoluti: «Così si fa la pelle bianca nera / nel primo aspetto dela bella figlia / di quel ch'apporta mane e lascia sera» (*Pd* 27, 136-138; forse: il candore dell'anima si annerisce, al primo apparire della figlia del Sole, Circe, immagine delle tentazioni mondane).

Anche lo sfruttamento di motivi e forme comico-realistiche è molto più ampio di quanto non possano documentare i pochi testi del genere arrivati a noi con la firma di Dante. Un intero episodio infernale, il battibecco fra Maestro Adamo e Sinone, è dedicato a rievocare quei modi, resi espressivi di una situazione morale appropriatamente degradata (*If* 30, 115-121):

> «S'io dissi falso, e tu falsasti il conio»,
> disse Sinon; «e son qui per un fallo,
> e tu per più ch'alcun altro demonio!»
> «Ricorditi, spergiuro, del cavallo»,
> rispuose quel ch'avea infiata l'epa [pancia];
> «e sieti reo che tutto il mondo sallo!»
> «E te sia rea la sete...»

Lo si confronti con il sonetto di Cecco Angiolieri:

> Dante Alleghier, s'i' so' buon begolardo,
> tu me ne tien' ben la lancia ale reni;
> s'i' desno con altrui, e tu vi ceni;
> s'io mordo 'l grasso, e tu vi sughi el lardo...

Tenuto conto di tutte le tradizioni che sono vive nella memoria letteraria dantesca, caratteristica della *Commedia* è l'arte della composizione fra "accordi" che, senza essere privati della tonalità originaria, si ritrovano fusi in una nuova misura coerente e inconfondibile. La misura dell'accostamento può essere ravvicinatissima, producendosi in tal modo gli effetti più tipici del "dantesco in Dante". Ora si tratta di un'irruzione di realismo (nel caso, tra Rustico Filippi e il profeta Ezechiele) dopo terzine di tenore elevato (*Pg* 19, 26-33):

...una donna apparve santa e presta,
lungh'esso [accanto a] me, per far colei confusa.
[...]
L'altra prendeva, e dinanzi l'apriva
fendendo i drappi, e mostravami 'l ventre;
quel mi svegliò col puzzo che n'usciva.

Ora è lo svolgimento di una posizione morale in un'immagine di sorprendente concretezza, ma ben intonata al *sermo humilis* della Scrittura Sacra. Si pensi a *Pg* 10, 124-126 (lo spunto è in un testo di Agostino, *In Iohannem* i 13: gli uomini sono vermi che Dio trasforma in angeli):

non v'accorgete voi che noi siàn vermi,
nati a formar l'angelica farfalla
che vola ala giustizia senza schermi?

a *Pd* 27, 124-126 (da Isaia 5,2: Dio pianta una vigna [Israele] e, invece che uva, ottiene lambrusca):

Ben fiorisce negli uomini il volere:
ma la pioggia continua converte
in bozzacchioni le sosine vere.

a *Pd* 26, 64-65 (da Giovanni 15,1: «io sono la vera vite e il Padre mio è il contadino...»):

Le fronde, onde s'infronda tutto l'orto
del'ortolano etterno, am'io cotanto
quanto da lui a lor di bene è porto.

La lettura del poema è insomma costante esperienza di varietà – degli oggetti e dei toni – e unità – dell'ispirazione e del "ritmo". Quest'ultima espressione si usa qui in senso più ampio di quello propriamente metrico, per alludere all'effetto d'insieme che l'andamento del discorso dantesco produce. È un discorso di cui non si smarrisce mai la nervatura, sulla traccia dei parallelismi verbali, delle anafore, delle antitesi, dei chiasmi, delle salde architetture di pensiero che reggono l'unità logica della terzina o (meno frequentemente) giocano sulla dissonanza fra ritmo del verso e andamento della frase (*enjambement* con valore enfatico: «...la prima radice / del nostro amor...», «Se per questo cieco / carcere...», «...dal fiero pasto / quel peccator, forbendola a' capelli / del capo...», «Tu vuo' ch'io rinovelli / disperato dolor...», «...lo novo peregrin d'amore / punge...»). È un discorso che continuamente si allarga, si amplifica (similitudini, perifrasi, digressioni, *descriptiones* ecc.), per poi concentrarsi e addensare la sua energia in un traslato («li occhi rivolgi *al lógoro* che gira / lo rege eterno...», *Pg* 19, 61-62; il *logoro* è un richiamo per falconi, qui sta per "il cielo"), in un'espressione ellittica («E io li aggiunsi: "*E morte di tua schiatta!*"», *If* 28, 109) o in una sola parola culminante («L'oltracotata schiatta che *s'indraca*», *Pd* 16, 115).

Autentica "firma" dantesca è, appunto, la scelta di un vocabolo di sonorità consistente, raro o inedito (almeno nella lingua poetica), per un traslato dal concreto all'astratto, dal tecnico-pratico allo spirituale: «a riguardar s'alcun se ne *sciorina*» (*If* 21, 116); «Se l'ira sovra 'l malvoler *s'aggueffa*» (*If* 23, 16; termine della filatura, "s'ammatassa", "si aggiunge"); «di vera luce tenebre *dispicchi*» (*Pg* 15, 66); «...secondo / che buoni e rei amori accoglie e *viglia*» (*Pg* 18, 66; significa la pulitura del grano dopo la trebbiatura) ecc.

Si intende bene, dunque, l'estrema rilevanza stilistica della ricerca lessicale dantesca. Dante ha creato la lingua della *Commedia* integrando il dizionario fiorentino – utilizzato senza limiti, fino al «municipale» *introcque* – con estratti dal latino, sia classico sia biblico (*cive*, *agricola*, *iaculi*, *libito*, *licito* ecc.), sia letterario sia tecnico (*zona*, *emisperio*, *geomètra*, *antòmata*, *epa*, *oppilazion* ecc.); da volgari italiani diversi dal fiorentino (spesso per caratterizzare dei personaggi: lucchese *issa*, *Pg* 24, 55; sardo *donno*, *If* 22, 83; bolognese *sipa*, *If* 18, 61 ecc.); dai volgari transalpini (*baccialier*, *beninanza*, *caribo*, *croio*, *fallenza*, *gabbare* ecc.). Vi sono, per esigenze speciali, inserti di espressioni e frasi latine (pensiamo a *Pg* 30, 11 ss., o a *Pd* 15, 28-30: «O sanguis meus, o superinfusa / gratia Dei, sicut tibi cui / bis unquam coeli ianua reclusa?», con cui Cacciaguida solennizza la missione dantesca) e i versi provenzali di Arnaut (*Pg* 26, 139-147), oltre agli esperimenti "comici" di più e meno traducibili lingue infernali (*If* 7, 1: «Papé Satàn, Papé Satàn, aleppe!») o di punizione (*If* 31, 67, dove parla Nembrot: «Raphèl maì amècche zabì almi»).

Significativamente alto è il numero delle neoformazioni dantesche, perlopiù di tipo parasintetico, secondo modalità non prive di antecedenti nella lirica romanza (Guittone ha *i(n)membrare*, "penetrare"; *inamare*, "prendere all'amo"), ma qui in spirito di precisione concettuale e *brevitas* espressiva: «Lor corso in questa valle si *diroccia*» (*If* 14,115, "scende di roccia in roccia"); «Intra Siestri e Chiaveri *s'adima* / una fiumana bella...» (*Pg* 19, 100-101, "scende al basso"); «L'incendio suo seguiva ogne scintilla; / ed eran tante, che 'l numero loro / più che 'l doppiar deli scacchi *s'inmilla*» (*Pd* 28, 91-93, si moltiplica per mille); «Già non attendere' io tua dimanda, / s'io *m'intuassi*, come tu *t'inmii*» (*Pd* 9, 80-81, "penetrassi in te come tu in me") ecc. Ovviamente non è casuale che un qualunque campione, come il presente, indichi nella rima – ossia nel luogo cui l'aspettativa del lettore è guidata dalla tensione ritmica dell'endecasillabo – la sede privilegiata per queste "cariche" lessicali. Dalla tradizione lirica Dante ritrae l'interesse per la rima come deposito di valori fonici, tecnici e semantici. Nella *Commedia* risulta privilegiato nettamente questo terzo momento: le parole-rima hanno spesso una forte espressività (come negli esempi appena proposti) o un forte riferimento strutturale (basti rammentare di nuovo il *disdegno* di Guido), che può essere potenziato dal concorso delle altre componenti il terzetto (ad esempio, *If* 1, 101 ss., *veltro* : *peltro* : *feltro*), o dal ricorso in luoghi paralleli, interni al poema (ad esempio, *valle* : *spalle* : *calle* in *If* 1, 13-18 e 15, 50-54) o pertinenti alla memoria letteraria (di nuovo cfr. *If* 10, 65-69 con *Donna me prega*, 16-19). Meno significativo, in ultima analisi, è l'impiego di rime tecniche: frante (*oncia* : *sconcia* : *non ci à*, *If* 30, 83 ss. ecc.), derivative (*turpa* : *deturpa*, *Pd* 15, 145 ss. ecc.), equivoche (*ombra*, *If* 2, 44 ss.; *duro*, 3, 8 ss.; *fummo*, 7, 121 ss. ecc.), identiche (rarissime: cfr. *Pd* 30, 95-99 *io (il) vidi*; di speciale motivazione ideologica la rima esclusivamente identica di *Cristo* in *Pd* 12, 71 ss. e altrove).

Quanto agli aspetti più propriamente musicali del verso dantesco, gli studi di Beccaria (1975) hanno chiuso la stagione del commento impressionistico a presunte "congruenze" o "equivalenze" fra suono-ritmo e senso. Si deve invece riconoscere l'impiego (limitato) di determinate figure onomatopeiche (sul genere di «ode le bestie e le frasche stormire», *If* 13, 114, o «cigola per vento che va via», pure in *If* 13, 42), oltre alla convenzione espressiva di fondo che distingue le sonorità «dolci» dalle «aspre e chiocce» (così a *If* 32, 1), e queste ultime sfrutta intensivamente in atmosfere di degradazione e deformazione dell'umano (*sacco* : *attacco* : *dilacco*, *If* 28, 26 ss.; *graffi* : *raffi* : *accaffi*, *If* 21, 50 ss.; *marcia* : *squarcia* : *rinfarcia*, *If* 30, 122 ss.; *beffa* : *aggueffa* : *acceffa*, *If* 23, 14; *tegghia* : *stregghia* : *vegghia*, *If* 29, 74 ss.). Non si dà però "naturale" concorrenza dei fatti ritmico-fonici al senso della frase: al contrario, è la semantica che crea il ritmo poetico, come valore formale ultimo, non retroattivo sul senso, autosufficiente (ossia, descrivibile solo in quanto tale). Dell'endecasillabo "comico" dantesco si dirà dunque, in sintesi, che non risponde a una canonizzazione assolutamente rigorosa degli schemi accentuativi (quale si affermerà dopo in Petrarca). I tre tipi fondamentali (4ª, 8ª; 6ª; 4ª, 7ª) sono larghissimamente prevalenti, ma non possono escludersi sequenze meno comuni: 1ª, 7ª («Modicum, et non videbitis me», *Pg* 33, 10); 2ª, 5ª («che diedi al Re giovene i ma' conforti», *If* 28, 135 – leggibile con ictus sulla 4ª, secondo Baldelli, 1970); 2ª, 7ª («delli angeli che non furon ribelli», *If* 3, 38, forse riducibile a 2ª, 6ª, per Menichetti, 1993); 2ª, 8ª («e Cesare per soggiogare Ilerda», *Pg* 18, 101 e *If* 12, 117); contraccento in 9ª («che foràr l'osso, come d'un can, forti», *If* 33, 78).

Il verso della *Commedia* è fortemente unitario e la cesura, quando pure è riconoscibile, risulta generalmente attenuata, con «addensarsi delle acmi ritmiche entro un ristretto spazio sillabico» (Beccaria, 1975), al centro del verso (come in «Ma poi ch'i' fui al piè d'un colle giunto», *If* 1, 12; «sì che parea che l'aere ne tremesse», 1, 48; «che ritrarrà la mente che non erra», 2,6 ecc.); oppure con «squilibrio di accenti di 6ª + 7ª», data una tronca al culmine ritmico del verso (come in «o settentrional vedovo sito», *Pg* 1, 26); notevoli pertanto i pochi casi di stacco evidente e monotonia voluta (Fubini, 1962, p. 52), come in *Pd* 33, 1-4 ss.: «Vergine madre, figlia del tuo figlio, / umile e alta più che creatura, / termine fisso d'etterno consiglio, / tu sè colei che l'umana natura» ecc.

L'altro fattore della musicalità dantesca che può dirsi certamente strutturale è l'allitterazione (troppo incerto per farne oggetto di formula pare, invece, il rilievo di opposizioni o ripetizioni di suoni vocalici). Essa ha di solito nella *Commedia* una funzione enfatica: amplificare la carica semantica di una parola-guida. L'incremento di tensione si avverte chiaramente nel caso più celebre: «e caddi come corpo morto cade» (*If* 5, 142; la parola-guida dovrebbe essere «caddi»), che sigilla un momento di gravissima crisi (lo svenimento del protagonista, il «chiudersi» della sua mente per l'angoscia) destinato a sciogliersi solo nel canto successivo. Ma è misurabile anche nei casi più numerosi e meno marcati, in cui l'allitterazione copre solo una parte del verso. Beccaria ha rilevato una preferenza dantesca per il legame tra inizio e fine del verso («prese la terra e con piene le pugna», *If* 6, 26; «e quale il cicognin che leva l'ala», *Pg* 25, 10), e per l'allitterazione in clausola («e tanto buono ardire al cor mi corse», *If* 2, 131; «si dileguò come da corda cocca», *If* 17, 136; «vidi un sol capo sì di merda lordo», *If* 18, 116; «e questo ti sia sempre piombo a' piedi», *Pd* 13, 112).

Bibliografia

Letture consigliate

Capitolo 1

Tra i commenti integrali al poema, il più aggiornato è quello a cura di A. M. CHIAVACCI LEONARDI, Mondadori, Milano 1991-97; puntuale e utilissimo quello a cura di E. PASQUINI e A. QUAGLIO (Garzanti, Milano 1978). Il classico lavoro di N. SAPEGNO (ultima revisione, La Nuova Italia, Firenze 1985) è sempre meritevole di consultazione. Sono già usciti *Inferno* (2007) e *Purgatorio* (2011), con revisione del testo e commento a cura di G. INGLESE (Carocci, Roma). Una prova eccellente di lettura divulgativa è offerta da V. SERMONTI, *L'Inferno di Dante*, con la supervisione di G. Contini, Rizzoli, Milano 1988; ID., *Il Purgatorio di Dante*, con la supervisione di G. Contini, Rizzoli, Milano 1990; ID., *Il Paradiso di Dante*, revisione di C. Segre, Rizzoli, Milano 1993. Fra le monografie, si segnalano: N. MINEO, *Dante*, Laterza, Bari 1970; J. A. SCOTT, *Perché Dante?*, Aracne, Roma 2010. Per ogni tema o spunto, discusso in questa *Guida*, il primo rinvio è alle corrispondenti voci della *Enciclopedia dantesca* (1984[2]). La letteratura critica più recente si può rintracciare attraverso *Bibliografia dantesca 1972-1977*, in "Studi Danteschi", LX, 1988, e *Bibliografia internazionale dantesca 1978-1984*, in "Studi Danteschi", LXIV, 1999; o dal sito www.danteonline.it, a cura della Società Dantesca Italiana. Le principali riviste e le pubblicazioni bibliografiche di italianistica hanno una sezione di critica dantesca.

Capitolo 2

Data di composizione, titolo e genere: G. PETROCCHI, *Itinerari danteschi*, Adriatica, Bari 1969, pp. 83-118; BELLOMO (2008), pp. 156-61. Sull'epistola a Cangrande della Scala: G. INGLESE, *L'intelletto e l'amore*, La Nuova Italia, Firenze 2000, pp. 165-88. Per uno sguardo d'insieme sulla "genesi letteraria" del poema, rende ancora qualche servigio il vecchio K. VOSSLER, *La Divina Commedia studiata nella sua genesi e interpretata*, Laterza, Roma-Bari 1983 (ed. or. 1908, 1925[2]). Sulla letteratura visionaria: LE GOFF (1982). Riscontri con testi islamici: M. ASÍN PALACIOS, *L'escatologia islamica nella Divina Commedia* (1919), Nuove Pratiche, Milano 1997. Per l'*aemulatio* dei poeti antichi: RONCONI (1964). Per i precedenti mediolatini e, più in generale, per la cultura letteraria di Dante: DRONKE (1986). Sulla dottrina del Purgatorio: LE GOFF (1982). Sulla dottrina dell'Empireo: NARDI (1930).

Capitolo 3

Sulla tecnica degli episodi paralleli: A. IANNUCCI, *Forma ed evento nella Divina Commedia*, Bulzoni, Roma 1984, pp. 85-114. Sui principali sistemi metaforici: MERCURI (1992). Sulle interpretazioni allegoristiche della *Commedia*, nell'Ottocento e Novecento: CROCE (1921); *L'idea deforme. Interpretazioni esoteriche di Dante*, a cura di M. P. POZZATO, introduzione di U. Eco, postfazione di A. Asor Rosa, Bompiani, Milano 1989. Sul "profetismo" dantesco: NARDI (1942); in ultimo, L. BATTAGLIA RICCI, *"Dice Isaia...": Dante e il profetismo biblico*, in *La Bibbia di Dante*, a cura di G. Ledda, Centro Dantesco dei Frati Minori Conventuali, Ravenna 2011, pp. 49-75. Fra i commenti antichi: P. ALIGHIERI, *Comentum*, a cura di M. Chiamenti, Arizona Center for Medieval and Renaissance Studies, Tempe (AZ) 2002; GUIDO DA PISA, *Expositiones*, a cura di V. Cioffari, State University of New York Press, Albany (NY) 1974. Sul contesto storico-politico: N. OTTOKAR, *Il Comune di Firenze alla fine del Dugento* (1926), Einaudi, Torino 1962; CH. T. DAVIS, *L'Italia di Dante* (1984), il Mulino, Bologna 1988. Sul pensiero politico di Dante: B. NARDI, *Dal Convivio alla Commedia. Sei saggi danteschi*, Istituto storico italiano per il Medio Evo, Roma 1960 (rist. 1992); in più ampia prospettiva, G. SASSO, *Dante. L'Imperatore e Aristotele*, Istituto storico italiano per il Medio Evo, Roma 2002. Sulla posizione di Dante di fronte alla società e alla scuola del suo tempo: BRUGNOLI (1998).

Capitolo 4

Per il contesto di storia della filosofia: É. GILSON, *La filosofia nel Medioevo* (1952), La Nuova Italia, Firenze 1973, in particolare le pp. 455-706; una sintesi aggiornata offre A. DE LIBERA, *Storia della filosofia medievale*, Jaca Book, Milano 1995. Sulla "sete natural": P. FALZONE, *Desiderio della scienza e desiderio di Dio nel* Convivio *di Dante*, il Mulino-IISS, Napoli 2010. Sulle "macchie lunari": NARDI (1930). Sull'anima umana: B. NARDI, *Studi di filosofia medievale*, Storia e letteratura, Roma 1960; S. GENTILI, *L'uomo aristotelico alle origini della letteratura italiana*, Carocci, Roma 2005. Sulle dottrine d'amore: E. FENZI, *La canzone d'amore di Guido Cavalcanti e i suoi antichi commenti*, il melangolo, Genova 1999.

Capitolo 5

Sulla funzione-personaggio in Dante sono fondamentali i contributi di AUERBACH (1929 e 1946). Ancora da leggere, e non soltanto come documento di storia della critica, il capitolo sulla *Commedia* in DE SANCTIS (1870). Per un panorama informativo: B. DELMAY, *I personaggi della Divina Commedia. Classificazione e regesto*, Olschki, Firenze 1986. Su Francesca: M. BARBI, *Con Dante e coi suoi interpreti*, Le Monnier, Firenze 1941, pp. 117-51. Su Farinata e Cavalcante: AUERBACH (1946). Su Pietro delle Vigne: E. PARATORE, *Tradi-*

zione e struttura in Dante, Sansoni, Firenze 1968. Su Ulisse: M. FUBINI, *Due studi danteschi*, Sansoni, Firenze 1951; G. SASSO, *Ulisse e il desiderio. Il canto XXVI dell'Inferno*, Viella, Roma 2011. Su Guido da Montefeltro: A. COTTIGNOLI, *La prospettiva dell'eterno in «Inferno»* XXVII, in "Studi Danteschi", LVI (1984), pp. 99-113. Su Ugolino: E. PASQUINI, *Il canto* XXXIII *dell'Inferno*, in "Letture Classensi", 9-10, 1982, pp. 191-216. Su Piccarda: L. BATTAGLIA RICCI, *Piccarda o della carità: lettura del terzo canto del Paradiso*, in "Filologia e Critica", XIV, 1989, pp. 27-70. Sul decimo del *Paradiso*: DRONKE (1986).

Capitolo 6

Sul *Paesaggio della "Divina Commedia"*, cfr. A. MOMIGLIANO, *Dante Manzoni Verga*, D'Anna, Messina-Città di Castello 1944, pp. 9-33; sulle similitudini, L. VENTURI, *Le similitudini dantesche, ordinate, illustrate e confrontate* (1911), ed. anast., Salerno, Roma 2008; e la "voce" di A. PAGLIARO, in *Enciclopedia Dantesca*, V, pp. 253-9.

Capitolo 7

Sugli argomenti del capitolo sono fondamentali i saggi raccolti in G. CONTINI, *Un'idea di Dante*, Einaudi, Torino 1976. Sul canone dei poeti antichi: E. R. CURTIUS, *Letteratura europea e Medio Evo latino* (1948), ed. it. a cura di R. Antonelli, La Nuova Italia, Firenze 1992, pp. 275-301; BRUGNOLI (1998). Su Dante e i "moderni": R. ANTONELLI, *Subsistant igitur ignorantie sectatores*, in *Guittone d'Arezzo nel settimo centenario della morte*, a cura di M. Picone, Cesati, Firenze 1995, pp. 337-49. Dante e Cavalcanti: A. PAGLIARO, *Ulisse. Ricerche semantiche sulla "Divina Commedia"*, D'Anna, Messina-Firenze 1967, pp. 185-224; E. MALATO, *Dante e Guido Cavalcanti*, Salerno ed., Roma 1997; G. SASSO, *Sul "disdegno" di Guido*, in *Studi [...] per G. Arnaldi*, a cura di L. Gatto e P. Supino, All'Insegna del Giglio, s. l., 2002, pp. 581-610. Su lingua e stile del poema, anzitutto I. BALDELLI, *Lingua e stile delle opere in volgare di Dante*, in *Enciclopedia dantesca, Appendice* (1984^2), pp. 93-111. Sulle rime: A. PUNZI, *Rimario della Commedia di Dante Alighieri*, Bagatto, Roma 2001 (con ampia bibliografia); R. ANTONELLI, *Memoria rerum et memoria verborum. La costruzione della "Divina Commedia"*, in "Criticón", 87-88-89, 2003, pp. 35-45. Sugli aspetti ritmici, cfr. BECCARIA (1975).

Riferimenti bibliografici

AUERBACH E. (1929), *Dante poeta del mondo terreno*, in Auerbach (1963), pp. 1-161.

ID. (1946), *Mimesis. Il realismo nella letteratura occidentale*, Einaudi, Torino 1956.
ID. (1963), *Studi su Dante*, Feltrinelli, Milano.
BALDELLI I. (1970), *Endecasillabo*, in *Enciclopedia dantesca* (1984^2), II, pp. 672-6.
BECCARIA G. L. (1975), *L'autonomia del significante: figure del ritmo e della sintassi*, Einaudi, Torino.
BELLOMO S. (2008), *Filologia e critica dantesca*, La Scuola, Brescia.
BRUGNOLI G. (1998), *Studi Danteschi*, I. *Per suo richiamo*, ETS, Pisa (1ª ed. 1981).
CAMILLI A. (1950), *La cronologia del viaggio dantesco*, in "Studi Danteschi", XXIX, pp. 61-84.
CROCE B. (1921), *La poesia di Dante*, Laterza, Bari (3ª ed. riveduta 1922).
DEL SAL N. (1989), *Guittone (e i guittoniani) nella "Commedia"*, in "Studi Danteschi", LXI, pp. 109-52.
DE SANCTIS F. (1870), *Storia della letteratura italiana*, a cura di N. Gallo, Einaudi, Torino 1958.
DRONKE P. (1986), *Dante e le tradizioni latine medievali*, il Mulino, Bologna 1990.
Enciclopedia dantesca (1984^2), diretta da U. Bosco, Istituto della Enciclopedia Italiana, Roma 1970-78.
FUBINI M. (1962), *Metrica e poesia. Lezioni sulle forme metriche italiane*, Feltrinelli, Milano.
GILSON E. (1939), *Dante e la filosofia*, Jaca Book, Milano 1985.
HEINZE R. (1903), *La tecnica epica di Virgilio*, il Mulino, Bologna 1996.
LE GOFF J. (1982), *La nascita del Purgatorio*, Einaudi, Torino (ed. or. 1981).
MENICHETTI A. (1993), *Metrica italiana. Fondamenti metrici, prosodia, rima*, Antenore, Padova.
MERCURI R. (1992), *Comedìa di Dante Alighieri*, in *Letteratura italiana. Le Opere*, diretta da A. Asor Rosa, vol. I, Einaudi, Torino, pp. 211-329.
NARDI B. (1930), *Saggi di filosofia dantesca*, La Nuova Italia, Firenze 1967.
ID. (1942), *Dante e la cultura medievale*, a cura di P. Mazzantini, Laterza, Roma-Bari 1985.
PASQUINI E. (2001), *Dante e le figure del vero. La fabbrica della Commedia*, Bruno Mondadori, Milano.
RONCONI A. (1964), *Per Dante interprete dei poeti latini*, in "Studi Danteschi", XLI, pp. 5-44.
SINGLETON CH. S. (1957), *Commedia: elementi di struttura*, in Singleton (1978), pp. 13-129.
ID. (1965), *Le visuali retrospettive*, in Singleton (1978), pp. 463-94.
ID. (1978), *La poesia della Divina Commedia*, il Mulino, Bologna.

Altri volumi pubblicati nelle Bussole

Francesco Ghelli
Letteratura e pubblicità

Luca Crescenzi
Letteratura tedesca: secoli ed epoche

Simone Fornara
Breve storia della grammatica italiana

Cecilia Andorno
Che cos'è la pragmatica linguistica

Roberto Russi
Letteratura e musica

Charmaine Lee,
Sabrina Galano
Introduzione alla linguistica romanza

Fabio Vittorini
Il testo narrativo

Livio Sbardella
Oralità. Da Omero ai mass media

Matteo Santipolo
Le varietà dell'inglese contemporaneo

Raffaella Bertazzoli
La traduzione: teorie e metodi

Lucia Rodler
La favola

Laura Mariottini
La cortesia

Stefania Cavagnoli
La comunicazione specialistica

Riccardo Gualdo
L'italiano dei giornali

Fabio Rossi
Lingua italiana e cinema

Giuliano Mion
La lingua araba

Pietro Trifone
Storia linguistica di Roma

Silvia Calamai
L'italiano: suoni e forme

Massimo Arcangeli
Il linguaggio pubblicitario

Stefano Telve
L'italiano: frasi e testo

Silvia Luraghi,
Maria Libera Garabo
Il greco antico

Fabiana Fusco
Che cos'è l'interlinguistica

Giorgio Graffi
Che cos'è la grammatica generativa

Stefano Arduini, Roberta Fabbri
Che cos'è la linguistica cognitiva

Silvia Luraghi, Federica Venier
Esercizi di semantica, pragmatica e linguistica testuale

Anna Cardinaletti
Esercizi di sintassi

Francesco Avolio
Lingue e dialetti d'Italia

Maria Vittoria Dell'Anna
Lingua italiana e politica

Camillo Neri
Breve storia della lirica greca

Alfredo Rizzi
Cifrari e codici segreti

Simone Fornara
La punteggiatura

Paola Italia, Giulia Raboni
Che cos'è la filologia d'autore

Federica Casadei
Breve dizionario di linguistica (n. e.)

Matteo Lefèvre,
Tommaso Testaverde
Tradurre lo spagnolo

Gianluca Lauta
Esercizi di grammatica storica

Angela Ferrari
Tipi di frase e ordine delle parole

Gabriella Alfieri, Ilaria Bonomi
Lingua italiana e televisione

Adriano Colombo
La coordinazione

Francesca Cocco
L'italiano dei cruciverba

Grazia Basile,
Anna Rosa Guerriero,
Sergio Lubello
Competenze linguistiche per l'accesso all'università (n. e.)

Giorgio Graffi
La frase: l'analisi logica